任何一种能够作为科学出现的

未来形而上学导论

（注释本）

[德]康德 著

李秋零 译注

中国人民大学出版社

· 北京 ·

目录

科学院版编者导言

本诺・埃德曼（Benno Erdmann）

《导论》不同种类的文本构成，要求对这部短篇作品的起源做出研究。我们对这个**在著作完成之后的规划**的外在历史和内在历史所拥有的各种各样的说明，使得有可能做出这样一种文献史研究。然而，那些说明部分地出自非透明的源泉；此外，它们中的一些形式不怎么清晰；最后，某些形式需要一种出自《导论》为之服务的目标的解释。

在这样的情形下，《导论》的一部外在的历史就无法写了。因此，这里只能记录下这部著作的零碎的，因而也是死的材料。

即便是这样一种材料搜集，也需要一个标准：什么可以拿过来作材料。《导论》按照康德的意向应当完成的任务的轮廓提供了这个标准。

康德宣称：《纯粹理性批判》“始终依然是基础，《导论》仅仅作为预习而与之相关”①。它的简短阐述提供了批判在著作完成之后的规划，“它如今可以按照**分析方法**来安排，而**原著**本身则不得不绝对按照**综合的教学法**来撰写”②。“借助它，人们就能够概览整体，逐一审查这门科学关键所在的要点，比在该著的最初文本中所能做到的更好地处理阐述上的某些东西。”③

我们不得不推论，那种概览性是这样来达到的，即避免［主要］著作的详尽性，这是就这种详尽性的根据在于科学自身的［综合方法］，而不在于陈述而言的。④逐一审查要点的可

① 参见《康德全集》，第Ⅳ卷，261页［《导论》在《康德全集》第Ⅳ卷中为253～384页，凡在此范围内者，均请参见本书边码，下同。——译者注］。

② 参见上书，263、274～275、276、279页。

③ 参见上书，263页。

④ 参见上书，262页。

能性是这样获得的，即分析方法允许把“形而上学的兴衰，从而其实存，就完全取决于”其解决的课题……分为“四个问题，逐步地予以答复”①。最后，康德宣称对主要著作的一些章节的陈述不完全满意，因为［这里是在陈述中的］“某种详尽性妨碍了清晰性”②，它们能够被陈述得更为清晰。

康德宣称，他本来是能够给予他在主要著作中的陈述以通俗性的③，尽管它的材料肯定不属于自身就通俗的材料。④但是，“一种备受赞颂的、人类必不可少的知识”亦即形而上学的实存“惟有按照最严格的和学风严谨的规则才能形成”，“虽然随着时间的流逝，也会随之有通俗性，但通俗性却绝不可以构成开端”⑤。

通向通俗性的一个普遍步骤在于这里所运用的分析方法。因为这种方法“简化了工作，在这件工作中，普遍的考察不仅被运用于事实，而且甚至从事实出发，而在综合的方法中，事实就必须完全抽象地从概念中派生出来”⑥。一个特殊的要素例如包含在总问题的引导性表述中，康德最初“为了通俗性起见，……把它表达为关于出自纯粹理性的知识的问题”⑦。正

① 参见《康德全集》，第Ⅳ卷，276、280页。
② 参见上书，381页；11～12页［参见李秋零主编：《康德著作全集》，第4卷，9～10页，北京，中国人民大学出版社，2005。——译者注］；《康德全集》，第Ⅹ卷，［317］339页［科学院版编者在这里使用的康德书信版本是《康德全集》第Ⅹ～Ⅻ卷的第1版，而现在通行的版本则是第2版。为方便读者，译者将其注明的第1版页码置入“［］”之中，再在后面注出第2版的页码，下同——译者注］。
③ 参见《康德全集》，第Ⅳ卷，262页。
④ 参见《康德全集》，第Ⅹ卷，［239］256页。参见《康德全集》，第Ⅳ卷，409～410页［参见李秋零主编：《康德著作全集》，第4卷，416页。——译者注］和后来在《道德形而上学》前言中的说明［参见李秋零主编：《康德著作全集》，第6卷，213～217页，北京，中国人民大学出版社，2007。——译者注］；以及舒尔策（J. Schulze）：《关于康德教授先生的〈纯粹理性批判〉的诠释》，1785，242～243页。
⑤ 参见《康德全集》，第Ⅳ卷，261页。
⑥ 参见上书，279页和274～275页。
⑦ 参见上书，276页。

是在这后面，也有反复的诠释和提示[1]，以及嵌入这部作品的发展史阐述。

当然，对象的本性给通俗性划定了狭窄的界限。《导论》应当是预习[2]，但不是为学生用的，而是为未来的教师用的。[3] 因此，"谁认为我当做《导论》放在一切未来形而上学之前的这个规划本身还是晦涩的，他就可以考虑一下：并不是非要每一个人都来研究形而上学不可"[4]。

前面，《导论》被理解为一个统一的整体。这里不是研究我们的文本多大程度上在其具体的组成部分中同等地符合这种理解的地方。[5] 只是还有必要指出的是，也有针对同时代的误解的批判性阐述不仅附在这部著作上和编织进导论，而且也包含在这个真正的上下文中，部分地采用注释的形式。

从这些观点出发就清楚了，下面列举的材料在多大程度上提供了文本外在历史的素材。我按照编年史的顺序转录它们：[6]

1. 出自 1779 年 1 月康德致赫茨（M. Herz）的信[7]：

一段时间以来，在某些闲暇之时，我总在考虑一般科学中，尤其是哲学中的通俗性的原理（在那些能够使用通

① 例如参见《康德全集》，第Ⅳ卷，266、268、269、284～285、285～286、299、301、308、309、316～317 页。也请参见《康德全集》，第Ⅳ卷，12 页［参见李秋零主编：《康德著作全集》，第 4 卷，10 页。——译者注］。

② 参见上书，261、274、279 页。

③ 参见上书，255 页。

④ 参见上书，263 页。

⑤ 参见我的《导论》版本（1878）；法兴格（Vaihinger）的文章：《康德的〈导论〉中的一处书页错位》，载《哲学月刊》，1879；我的作品：《对康德的〈导论〉的历史学研究》（1904）；以及西茨勒（Sitzler）的摘记和法兴格给西茨勒的觉察所写的批判性后记，载《康德研究》，第Ⅸ期，538 页（1904）；以及《导论》的 K. 弗兰德版导言，莱比锡，1905。

⑥ 在下面篇幅较长的复制中，对于《导论》的外在历史来说特别予以考虑的阐述，与原出处不同使用黑体。

⑦《康德全集》，第Ⅹ卷，［230］247 页［参见李秋零编译：《康德书信百封》，71 页，上海，上海人民出版社，2006。——译者注］。

俗性的科学中，这是不难理解的，因为数学并不是这样的科学)，而且我相信，不仅能够从这个视角出发规定另一种选择，而且能够规定一种与哲学所要求的、毕竟总是作为基础的循规蹈矩的方法完全不同的秩序。

2. 出自1781年5月11日后康德致赫茨的信①：

……感谢……您……优先考虑对我这个作品［《纯粹理性批判》］进行真正的研究，我一开始只能指望在为数不多的几位读者那里发现这样的努力。……因为人们不能指望，思维方式一下子就被引导到至今为止完全不习惯的轨道上来，而是需要时间来事先在其旧有的进程中，逐渐地阻滞它，并最终通过潜移默化的影响，使它转入相反的方向。……但是，谁只要清晰地认识到形而上学不仅现在，而且历来所处的境遇，他就将在粗略的通读之后，已经认为值得花费力气，**至少值得以这种处理方式，把一切搁置不顾，直到这方面的问题完全澄清为止**。这样，无论我的作品命运如何，都只能在人类知识的这个与我们关系最为密切的部分中造成思维方式的完全转变。就我这方面来说，我……任时光流逝，以便达到一个能使我完全感到满意的完善认识。我也达到了这样的认识，**以至于……现在，虽然我有时也很想作一些小小的补充和说明，但在主要问题上，我却也没有发现什么要改动的地方**。……这种方式的研究总是困难的，因为它包含了形而上学的形而上学，**但尽管如此，我还是曾经计划把它写得通俗一些。但是，由于必须对地基进行清理，在通俗性这一点上，一开始就做得很差劲**，尤其是因为必须根据其所有的接合点，对这种知识的整体进行考察。若不然，我就可以仅仅从我在纯粹理性的二论背反这个题目下讲述的东西开始。

①《康德全集》，第Ⅹ卷，［251～252］268～269页［参见《康德书信百封》，76～78页。——译者注］。

这样做，就能够讲述得很成功。[①]……**然而，学校必须首先获自己的权利，然后，人们也能够发现，自己是为了讨好世人而生的。**

3. 出自1781年6月8日康德致比斯特尔（Biester）的信[②]：

这部著作［《纯粹理性批判》］虽然是我多年来深思熟虑的结果，但却是在很短的时间内，用现在的这种形式写成的；**因此，有时会遗留下一些疏忽或者仓促的文笔，有时会遗留下一些晦涩难懂的东西。**……我不能为了精雕细琢行文使它易于理解，而长时间地延误这部著作的出版。因为就事情本身来说，我已经没有什么要说的了。**最好等到读书界的评判指出了显得需要加以说明的地方时，我再加以说明（今后，我少不了要做这样的事）。**……因此，我必须毫不犹豫地完成这部作品。我也不认为自己想要收回某些已经写出的东西，**但有时需要做出一些说明，这样做，是有益于这件头等大事的。**

4. 出自1781年8月5日哈曼（Hamann）致赫尔德（Herder）的信[③]：

一星期前的今天[④]，我在早上收到康德的一本包装起来

① 参见《纯粹理性批判》，第2版，534页［参见李秋零主编：《康德著作全集》，第3卷，337～338页，北京，中国人民大学出版社，2004。——译者注］；以及《康德全集》，第Ⅳ卷，338页、339页、341页注、347～348页、349页和《康德全集》，第Ⅹ卷，320页注。

②《康德全集》，第Ⅹ卷，［255～256］272～273页［参见李秋零编译：《康德书信百封》，80页。——译者注］。

③ Fr. 洛特编：《哈曼著作集》，第Ⅵ卷，201～202页，柏林，1821—1825。

④ 据哈曼在1781年8月11日的信（同上书，204页）所告知，毋宁说是在1781年7月22日。

的样书［《纯粹理性批判》］。……**康德想也为外行出版他的《批判》的一部通俗撮要**。

5. 出自1781年8月11日哈曼致哈特克诺赫（J. Fr. Hartknoch）的信①：

康德谈到他许诺为外行编写的**他的《批判》的一部通俗风格的撮要**。最亲爱的朋友，我很期望您不要吓退，至少不要让人觉察对他漠然，而要显得关心他今后的著述，仅此而已。至少，他是出于诚心对待您的，而且自诩他的著作越久，就将获得越多的读者。米迦勒节博览会的进展将给您以说明②，也许给您以机会——例如**向他要一本较短小的通俗作品来补偿您**，并且用纯葡萄酒让他一醉，或者鼓励他写一本**更符合读书界口味的小书**；因为这本书对大众来说太抽象、太昂贵了。

6. 出自1781年9月14日哈曼致哈特克诺赫的信③：

康德的样书［《纯粹理性批判》］已分送，作者曾向我保证**您还应当有简短的撮要**。……我差不多相信曾冒犯了的康德④向我保证，**他的撮要只会有很少几个印张**。不过，如果事情达到这一步，请您告诉我。……我的狂飙突进取决于休谟译本的出版⑤，取决于康德的工作的完成。

①《哈曼著作集》，第Ⅵ卷，206页。
② 参见哈曼针对哈特克诺赫的评论，同上书，179、190页。
③ 同上书，215、217页。
④ 参见上书，187、213、227～228页；以及基尔德迈斯特（Gildemeister）：《哈曼的生平和著作》，第Ⅱ卷，373页。
⑤ 哈曼在1981年6月开始翻译休谟的《自然宗教对话录》（《哈曼著作集》，第Ⅵ卷，154～155、156、158～159、162～163、167、171～172、176、187～188、190、204～205、213、216～217页）。

7. 出自 1781 年 9 月 15 日哈曼致赫尔德的信①：

从［对我的空无价值的变迁和日常的生活进程的］厌倦中，恰恰不能为我未来的著述做一个有力的占星。我未来的著述取决于两种情形，亦即休谟的译本和**康德完成他那篇幅较大的著作的撮要**。我需要这个撮要，为的是尽可能完善地理解它。**这项工作据说只有几个印张**。这个简本与 volumen corpulentum［宏篇巨著］一样对我是个问题。至少，我把让人畅所欲言视为我的义务。

8. 出自 1781 年 10 月 23 日哈曼致哈特克诺赫的信②：

康德的作品怎么样了？手稿已经完毕并在制作中吗？一些人说，而且他自己也说，这是《批判》的一个撮要；与此相反，另一些人说，这应是关于形而上学的一个读本，这也出自他自己之口。③请就您所知告诉我，且一旦出版，样书到手，也请想到我。

9. 出自 1781 年 11 月 19 日哈特克诺赫致康德的信④：

至为尊贵的阁下，已收到 8 月 18 日的来信。……如果

① 《哈曼著作集》，第Ⅵ卷，219～220 页。

② 同上书，222～223 页。

③ 关于康德较早的一部形而上学的"教科书"或者"读本"（?）的计划，参见《纯粹理性批判》第 1 版的导论，关于这里道听途说地提到的东西，除了上面正文中还援引的段落（第 10、11、23、24 条），也请参见康德的《批判》的第 1 版的前言，《康德全集》，第Ⅳ卷，13 页［参见李秋零主编：《康德著作全集》，第 4 卷，10～11 页。——译者注］，以及他后来致许茨（Schütz，《康德全集》，第Ⅹ卷，382～383 页）、致贝林（Berin，同上书，418 页）、致雅可布（Jakob，同上书，471 页；《康德全集》，第Ⅳ卷，325 页注）、致赫茨（《康德全集》，第Ⅺ卷，49 页）和致贝克（Beck，同上书，300 页）的信中的说明。

④ 《康德全集》，第 X 卷，［261］279 页。

现在如我毫不怀疑的那样，**《批判》的撮要已经就绪**，则我请求把它寄给印刷大著的印刷商哈勒的格鲁内特。但我请求手稿一旦寄出就惠告我。

我希望惠顾，您还将把《道德形而上学》和《自然学说的形而上学》提供出版，因为这属于您的计划的完成，并构成一个整体。①

10. 出自1781年11月某日哈曼致哈特克诺赫的信②：

我所期待的第二件事，就是康德的撮要或者教科书。对于它们，我至少期望知晓，作品是否已经在印刷，以及此事什么时候会完毕。我现在阅读他的《批判》已是第三遍甚或第四遍。——我期待最好的锁钥于**新书，并因此而请告知我它的开始和进程**，您是否已经在出版社拥有它或者您将什么时候获得它。

11. 出自1781年12月8日哈曼致哈特克诺赫的信③：

我在看到休谟的新译本之前，将不可能从事写作，而且我只是想让康德畅所欲言，期待他的**撮要或者读本**。④

12. 出自1782年1月11日哈曼致哈特克诺赫的信⑤：

康德在研究道德形而上学，我不知道给哪家出版社。**他也想临近复活节时完成那部小作品**。

① 参见1781年5月7日哈曼致哈特克诺赫的信的最后一段，见基尔德迈斯特：《哈曼的生平和著作》，第Ⅱ卷，368页。
② 基尔德迈斯特：《哈曼的生平和著作》，第Ⅱ卷，370页。
③《哈曼著作集》，第Ⅵ卷，230页。
④ 关于哈曼与康德在1781年第二个基督降临节之前在格瑞恩（Green）那里的谈话，参见上书，227页。
⑤ 同上书，236页。

13. 1782年1月19日，在《格廷根学报副刊》（第3期，40～48页）发表了《纯粹理性批判》的格廷根书评（伽尔韦—费德尔），康德在《导论》中（372～380页，本书边码）把它当做对《批判》在研究之前就下判断的样品来讨论。

14. 出自1782年2月8日哈曼致哈特克诺赫的信[①]：

> 祝新的出版社[②]给您带来好运。我更为关切地期待着**《批判》的短小附录**。

15. 出自1782年4月21日哈曼致赫尔德的信[③]：

> 我很高兴地读了《纯粹理性批判》的格廷根书评。谁会是作者呢？似乎不是迈内斯（Meiners）；我根本不知道费德尔。在这里，人们在猜这两个人。作者据说对此极为不满；他是否有根据，我不知道。我觉得它是缜密的、真诚的和得体的。这一点是肯定的，即没有**贝克莱**就没有**休谟**，就像没有**休谟**就没有**康德**一样。……我的意思还总是要关于批判的要素论的最后一章写些东西，涉及神学。也许，在这段时间他的《一种尚待写作的形而上学的导论》将问世，作为他的宏篇原作[《纯粹理性批判》[④]]的核心和明星，**据说他正在写作**。

16. 出自1782年8月11日哈曼致赫尔德的信[⑤]：

①《哈曼著作集》，第Ⅵ卷，237页。
② 当然不是指这个短小作品。参见第5、6、9、11、12条，以及1782年9月16日哈曼致哈特克诺赫的信："万分感谢您的新出版社的第一部作品"（《哈曼著作集》，第Ⅵ卷，278页）。
③《哈曼著作集》，第Ⅵ卷，243～244页。
④ 参见《纯粹理性批判》第2版，24、869页[参见李秋零主编：《康德著作全集》，第3卷，39～40、536～537页。——译者注]，以及哈曼更早向赫尔德做的评论（《哈曼著作集》，第Ⅵ卷，181页）。
⑤《哈曼著作集》，第Ⅵ卷，276页。

康德……大概在忙于他自己的**耳语忏悔或者纯粹理性的造物**。

17. 在1782年8月24日，《纯粹理性批判》的书评（埃瓦尔德）在《哥达学报》发表，康德在《导论》最后一节以这里恰如其分的话记起了它："出自这样一些［缜密的］理由而推迟了的判断的一个例证，我直到现在才在《哥达学报》上看到。"①

18. 出自1782年8月25日哈曼致赫尔德的信②：

已开始我的《在神右方或者一个形而上学家的书信体补遗》。……第五封［信］大概可以谈到康德。关于他我听说，他已经让人誊写**他的新论著，据猜测将涉及格廷根评论家，但看起来是以另一个书名，不是我告诉您的应当续写的一种形而上学的导论**。

19. 出自大约1782年9月11日哈曼致哈特克诺赫的信③：

我以［《在神右方》］的第5封信谈到《纯粹理性批判》。我重新研究了它，除了它将在这个米迦勒节博览会出版的消息之外，**我等待着注释，我要从中得出真正的题目**。因此您看到，我恳求并等待着第一批样书中的一

①《康德全集》，第Ⅳ卷，380页。
②《哈曼和赫尔德之间的未印行书信》，由丁策尔（H. Düntzer）在《不来梅周日报》通报，1859，42～43期，332页。是瓦尔达（A. Warda）使我注意到在霍夫曼（O. Hoffmann）关于在其《赫尔德致哈曼书信集》（1889）中未印行的哈曼书信段落的通报中未包含的这些书信段落的。
③ 基尔德迈斯特：《哈曼的生平和著作》，第Ⅱ卷，409页："大约一个月后"，也就是说，在8月11日致赫尔德的一封信之后。显然，这封信是早于9月16日写的（《哈曼著作集》，第Ⅵ卷，278页）。

本……。我听说，康德在《哥达学报》第 68 期如愿地被评判了。别忘记……有机会给我《批判》的我还缺少的印张，满足我**对新的附加**的急切盼望，**我听说，康德已经誊清了**。

20. 出自 1782 年 12 月 21 日哈曼致哈特克诺赫的信①：

我急切地盼望着康德的《导论》。

21. 出自 1783 年 4 月 15 日普莱辛（Fr. V. L. Plessing）致康德的信②：

哈曼先生从哥尼斯贝格告诉我，您所说的《导论》已经出版。

22. 出自 1785 年 10 月 8 日哈特克诺赫致康德的信③：

我虽然知道，他［哈勒的印刷商格鲁内特］长时间地既耽误您的《导论》，也耽误您的《道德形而上学》。

23. 出自 1783 年 10 月 8 日康德致伽尔韦的信④：

我也坦率地承认，在开始时，我并没有指望我的著作［《纯粹理性批判》］会这样迅速地受到欢迎；因为为此目的，材料的搜集……并未被充分按照普遍的可理解性撰写出来，为此大概还需要几年时间。……一大堆不熟悉的概念和一种更不熟悉的、尽管如此必然相伴而来的新语言必

①《哈曼著作集》，第Ⅵ卷，305 页。
②《康德全集》，第Ⅹ卷，［290］310～311 页。
③ 同上书，［387］411 页。
④ 同上书，［316］338 页以下［李秋零编译：《康德书信百封》，87 页以下。——译者注］。

然造成的最初的头晕目眩将会消失。随着时间的流逝，一切问题将得到澄清（也许，我的《导论》能够有助于此）。这些问题将会给理解其他地方以启发，当然，有时候还需要我这方面作出一些说明……

您提到，缺乏通俗性是人们能够对我的著作提出的一个公正的指责，因为事实上任何哲学著作都必须是能够通俗化的，否则，就很可能是在貌似深奥的烟幕下掩盖着连篇废话。……不过，达到如此高的研究是不能以通俗性作为开端的。只要我能够使人们在适合学院使用的概念中同我一起用那些未开化的表达方式走上一段路，则我早就已经想（但其他人将在这一点上已经更为幸运）制定出有关整体的一个通俗且毕竟又透彻的概念了。对此，我本来已经有过这样的计划。显然，如果我们只能把读书界的富于鉴赏力的部分当然不参与研究的那种洞识向前推进，当这种洞识从其黝黯的作坊里走出来，已经仪态万方，不用害怕那部分读书界的判断了的时候，我们就只能叫做**糊涂蛋**（懒汉博士）了。

24. 出自1783年8月16日康德致门德尔松的信①：

康德谈到迅速写成他的《纯粹理性批判》，并继续说：时至今日，我对当初的这个决定仍不感到遗憾。若不然，为了通俗性而长期拖延下去，很可能整个作品就彻底完了，因为后面这种错误毕竟会被逐渐取消的……。尽管我并不缺少说明任何一个难点的手段，但是，在写作的过程中，却不断地感到与清晰性同样互相矛盾的负担，感到展开了的广阔性打断了联系。因此，我放弃了这种说明。假如像我所希望的那样，我的命题依照次序逐一受到攻击，

①《康德全集》，第Ⅹ卷，[323] 345页以下［《康德书信百封》，93页以下。——译者注］。

那么，我将在以后的一篇论文中补加上这一说明。……不过，在这之前［在对这种著作的命题进行一种希望符合计划的审定之前］，我还想按照上面所说的批判原理，像一本手册那样，尽可能简练地……逐渐撰写一部形而上学教程，并且在一个不太固定的、也许比较晚的时候把它完成。

25. 出自1984年2月17日康德致约翰·舒尔茨的信[①]：

得知阁下已经准备把自己对《批判》所做的详细的、同时也是通俗的研究交付出版，……这使我感到非常愉快。我虽曾打算把一些东西提供出来，供您选用，看是否对您的意图有些用处。我觉得，这些东西将有助于防止误解，在某些方面，也有助于使我的著作更易于理解；然而，外来的和内部的干扰，再加上市场出现的小毛病，多次打断了我这个意愿的实现。现在我倒希望，那些东西不要对您的著作发生影响，因为这样可以使您在处理从对整体的通盘考虑中得出的思想时，能够保持更大的齐一性，因而也就保持了独特性。……

又及：由于我现在有希望读到您的著作的打印稿，所以我荣幸地就此以至为恭顺的感激寄还交给我的散页。

在舍费尔（Scheffer）的遗著中，发现了两个对开印张，包含着康德为《导论》的批判性结尾一章的前期准备（参见《康德全集》，第Ⅳ卷，372～373页）。这两个印张的第一个相应于《导论》第375页第27行到第380页第2行的论述，但没有对《导论》第376页第21行的注。然而，它却提供了相对于刊印文本的众多变体，确切地说不仅是正写法的和标点符

①《康德全集》，第Ⅹ卷，［343～344］366页（《康德书信百封》，98～100页以下。——译者注）。

号的差异以及在强调词和时而的简写中的差异，而且也有文风的背离。实际上看起来，它所提供的不是直接的付印稿样，而大概是一份事后修正了的付印副本。第二个印张显而易见包含着同一章节的阐述的最初稿样，连带一些在我们的文本中缺少的注释。

〔255〕

前言

本导论不是为学生用的，而是为未来的教师用的；即便是对未来的教师，它也不应当用于安排一门现成的科学的阐述，而是应当用来首先发掘这门科学。

有一些学者，对于他们来说，哲学（无论是古代哲学还是近代哲学）的历史本身就是他们的哲学；目前的《导论》不是为这些人写的。他们必须等待，直到那些致力于从理性本身的源泉汲水的人澄清了自己的工作，然后才轮到他们向世界宣告发生什么事情。否则的话，就不能说任何在他们看来不是通常已经说过的东西；而事实上，这种说法也作为一种可靠的预言，适用于未来的一切；因为既然人类知性许多世纪以来以种种方式醉心于讨论数不清的对象，所以为任何一种新东西找到与之有某些相似之处的旧东西，也并不是多难办到的事情。

我的意图是要说服那些认为研究形而上学有价值的人们，让他们相信，把他们手头的工作停下来，把迄今发生的一切视为未曾发生的，并且在万事之前首先提出“像形而上学这种东西是否在某个地方是可能的”这一问题，是绝对必要的。

如果它是科学，为何它不能像其他科学那样得到普遍的和持久的赞同？如果它不是科学，为何它竟然不断地利用一门科学的外表自吹自擂，用永不消失、但也从未实现过的希望来拖
〔256〕累人类知性呢？因此，无论人们是证明自己的有知还是无知，都必须有朝一日对这门僭妄的科学澄清某种可靠的东西；因为它不可能更长久地停留在这同一个基础之上。当任何一门别的科学都在不断地进步时，这门自命为智慧本身、任何人都要讨教的科学却是不断地在原地兜圈子，一步也不前进，这差不多是可笑的。何况它的追随者们也已经七零八散，人们看不到那些自信有足够能力在其他科学里创造辉煌的人要拿自己的名誉在这门科学中冒险，而每一个在其他所有事物上一无所知的人，却在这门科学中大言不惭地作出决定性的评断，因为在这个领地里，事实上还没

有可靠的尺度和砝码现成存在，来把缜密与平庸的废话区别开来。

但是，在对一门科学进行长期的探讨之后，当人们对其中已经得到如此长足的发展而惊叹不已的时候，有人却想到提出这样一门科学究竟是否以及如何可能的问题，这并不是闻所未闻的事情。因为人类理性如此爱好建设，它不止一次已经建造起一座塔，然后又拆掉，以便查看其地基是什么样的。明智起来是任何时候都不算太晚的；但是，如果洞识出现得晚，实施起来在任何时候都要更为困难。

询问一门科学是不是可能的，这是以怀疑该门科学的现实性为前提的。但这样一种怀疑将冒犯每一个其全部家当也许都在于这种自认为的宝贝的人；因此，作出这种怀疑的人，总是要对来自四面八方的抵制作好准备。有些人对自己古老的财富感到骄傲，认为自己的财富正是因为古老才是合法的，他们手持自己的形而上学纲要，轻蔑地俯视这种怀疑；另一些人在任何地方看到的东西，都与他们曾经在别的什么地方看到过的东西别无二致，他们将无法理解这种怀疑；过了一段时间之后，一切都一如既往，好像根本没有发生过任何使人对临近的变化感到担忧或者寄予希望的事情。

尽管如此，我还是敢于预言：本《导论》的独立思考的读者将不仅对他这门迄今的科学产生怀疑，而且继而将完全确 〔257〕
信，除非满足这里所表述的它的可能性所依据的要求，否则的话，诸如此类的东西就根本不可能存在；而既然这样的事情从未发生，所以在任何地方都还不存在形而上学。不过，既然由于普遍的人类理性的旨趣与形而上学极为密切地交织在一起，对它的需求毕竟永远不可能停息①，所以，读者将承认，不可避免要按照一种迄今闻所未闻的计划进行一番彻底的改革，或者甚至另起炉灶，无论人们一时间将如何反对。

① Rusticus exspectat，dum defluat amnis；at ille Labitur et labetur in omne volubilis aevum.

Horat.

［乡巴佬等候着，要等到河水流干；而河水却流啊，流啊，永远流个没完。

贺拉斯］

自从**洛克**的研究和**莱布尼茨**的研究出版以来，或者毋宁说就形而上学的历史所及，自从它诞生以来，就这门科学的命运而言，还没有发生任何事件，能够比**大卫·休谟**对它的攻击更具决定性。休谟并没有给这一类知识带来任何光明，但他毕竟打出了一颗火星，如果这颗火星遇到一个易燃的火绒，而这个火绒的火苗又得到细心的养护并燃烧起来的话，人们就有可能用这颗火星点燃起一片光明。

休谟主要是从惟一的一个形而上学概念、但也是重要的概念，亦即**因果联结**概念（因而还有其派生概念如力和行动等等）出发的，并要求在这里伪称从自己内部产生出这一概念的理性说话并作出回答：它有什么权利设想某种东西能够具有这样的性状，即如果设定了这种东西，就必须必然地设定某种别的东西，因为原因的概念就是这样说的。他无可辩驳地证明道：理性完全不可能先天地从概念出发设想这样一种结合，因为这种结合包含着必然性；但根本看不出来何以由于某物存在，某种别的东西就必须也必然地存在，何以能够先天地引入这样一种联结的概念：他由此推论出：理性在这一概念上完全是在欺骗自己，它错把这一概念视为它自己的孩子，而实际上这一概念
〔258〕无非是想象力的私生子。想象力凭借经验而受孕，把某些表象置于联想规律之下，并把由此产生的主观必然性，亦即习惯，硬说成是洞察到的客观必然性。他由此推论说：理性根本没有能力哪怕只是一般地思维这样的联结，因为在这种情况下，它的概念就会是一些纯然的虚构；而它的一切所谓先天存在的知识都不过是打上错误烙印的普通经验罢了。这就等于是说，在任何地方都不存在形而上学，也不可能存在形而上学。①

① 尽管如此，**休谟**也还把这种毁灭性的哲学称做形而上学，并且赋予它一种很高的价值。他说道（《人性论》，第4部分，德译本214页）：“形而上学和道德是科学最重要的部门；数学和自然科学的价值还不及它们的一半。”但是，这位思想敏锐的人在这里只注意到为了完全消除使人类陷入混乱的诸多无休无止的、折磨人的争执，而对思辨理性的过分要求加以节制所具有的消极用途；但在这方面他却忽视了如果理性被剥夺种种最重要的前景就会由此产生的积极损害；而惟有依照这些前景，理性才能给意志加上它的一切努力的最高目标。

他的结论无论如何草率，如何不正确，都毕竟至少是建立在研究之上的；而且这一研究本来是值得他那个时代的有识之士联合起来，尽可能更成功地在他提出这一问题的意义上来解决这一问题；那样的话，就必定会很快由此产生出这门科学的一种全面的改革。

然而，一向对形而上学不利的命运偏要他得不到任何人的理解。他的论敌**里德**、**奥斯瓦尔德**、**毕提**，最后还有**普里斯特利**弄错了他的问题之所在，而且由于总是把他恰恰怀疑的东西认为是他赞同的，反过来却大张旗鼓地、经常是大言不惭地证明他从来不曾想到要怀疑的东西，而如此错认了他的改革示意，以至于一切都仍然照旧，就好像什么也没有发生似的；看到这一点，委实不能不令人感到某种痛心。问题不是原因概念是否正确，是否可用，就整个自然知识而言是否不可缺少，因为**休谟**从来没有怀疑过这一点；而是这个概念是否能被理性先天地思维，以及是否以这样的方式具有一种独立于一切经验的 〔259〕 内在真理性，从而也具有更为广泛的、不仅仅局限于经验对象的可用性；这才是**休谟**期待澄清的东西。这里只谈及这个概念的起源，并没有谈及它在使用中的不可缺少性；只要查明了起源，概念应用的条件问题和概念可能有效的范围问题就会迎刃而解。

但是，为了令人满意地解决这个问题，这位著名人物的论敌们本来必须深入研究专司纯粹思维的理性的本性，但这对他们来说是不适宜的。因此，他们固执地不作任何考察，而是发明了一种更为省事的办法，即诉诸**普通的人类知性**。事实上，具有一种诚实的（或者如同人们近来所称谓的那样，朴实的）人类知性，这是上天的一个伟大的赠与。但是，人们必须通过行为，通过深思熟虑、合乎理性的思想和言论，而不是通过在不知道说出什么聪明的东西来为自己辩护时把它当做神谕来求教，来证明这种知性。如果洞识和科学都无能为力了，在这种情况下，而不是在这之前诉诸普通的人类知性，这是近代的巧妙发明之一；借助它，最浅薄的牛皮大王都能信心十足地与最缜密的思想家较量，并且还能抵挡一番。但是，只要还有一点点洞见，人们就会避免使用这种救急措施。而且严格看来，这种吁请无非是诉诸群众的判断；这种哲学家为之脸红的捧场，民间的俏皮鬼却对此得意洋洋，乐此不疲。但是，我毕竟应当设想，**休谟**本来可以和**毕提**一样要求一种健康的知性，除此之外还要求毕提肯定不具有的东西，即要求一种批判的理性。批判的理性控制普通的知性，以便它不擅自进入思辨，或者当所说的只是思辨时，不追求决定任何东西，因为它并不懂得如何为自己的原理辩护，惟其如此，它才不失其为健康的知性。凿子和锤子完全可以用于加工木器家具，但铜版雕刻却必须用蚀刻针。无论是健康知性还是思辨知性，二者都是有用的，但却
〔260〕是各有其用：如果关键在于在经验中获得其直接应用的那些判断，则前者是有用的；但在应当一般地仅仅从概念出发作出判断的地方，例如在形而上学中，则后者是有用的。在形而上学中，如此称谓自己，但常常是 per antiphrasin［说反话］如此称谓自己的健康知性，根本不能作出任何判断。

我坦率地承认：正是**大卫·休谟**的提醒，在多年以前首先打破了我的独断论迷梦，并且给予我在思辨哲学领域的研究以一个完全不同的方向。我远未达到赞同他的结论的地步；他的结论之所以产生，只不过是由于他未在整体上来设想自己的问题，而是仅仅着眼于它的一个部分，而如果不考虑整体，一个部分是不能说明任何东西的。如果从另一个人给我们留下的一个有根据的、尽管未经阐发的思想开始，那么，人们就能够希望，凭借进一步的反复思考，比这位思想敏锐的人物走得更远；多亏他的第一颗火星，人们才能有这一片光明。

因此，我首先试一下，看能不能普遍地设想**休谟**的异议，并且马上就发现：因果联结的概念远远不是知性用来先天地思维事物的联结的惟一概念；毋宁说，形而上学完全是由这样的概念构成的。我试图确定它们的数目，而且在我如愿以偿，亦即从一个惟一的原则出发做到这一点之后，我着手对它们进行演绎。从这时起我已确知，它们并不像**休谟**所担忧的那样是从经验派生的，而是从纯粹知性产生的。这一演绎，对我的这位思想敏锐的先行者来说，看起来是不可能的，在他之外也没有

人哪怕只是想到过，虽然每个人都信心十足地使用这些概念，而不曾问过它们的客观有效性所依据的究竟是什么。我要说，这一演绎是为了形而上学所曾经能够作出的最困难的工作；而这方面最糟糕的还有，形而上学哪怕是已经现存于某个地方，也不能给我提供丝毫的帮助，因为应当首先由那种演绎来澄清一种形而上学的可能性。于是，当我不仅在纯粹理性的一个特殊的实例中，而且就其全部能力而言解决了休谟的问题之后，我就能够虽然一直缓慢地、但却稳步地前进，以便最终全面地 〔261〕
按照普遍的原则来规定纯粹理性的整个领域，包括它的界限和内容；这就是形而上学为了按照一个可靠的方案来建立自己的体系所需要的东西。

但我担心，休谟的问题以其尽可能大的规模（亦即《纯粹理性批判》的规模）**论述**出来，会和**问题**本身最初提出时情况一样。人们将错误地评判这种论述，乃是因为人们不理解它；人们将不理解它，乃是因为人们尽管有兴趣翻阅这本书，却没有兴趣透彻地思考它；而人们将不愿在这方面花费这份力气，乃是因为这部著作枯燥，因为它晦涩，因为它与所有习惯的概念相抵触，此外又冗长。如今我承认，在事关一种备受赞颂的、人类必不可少的、惟有按照最严格的和学风严谨的规则才能形成的知识的实存时，从一位哲学家那里听到抱怨，说这部著作缺乏通俗性、趣味性和消遣性，对我来说是出乎意料的；虽然随着时间的流逝，也会随之有通俗性，但通俗性却绝不可以构成开端。不过，就某种晦涩而言，它部分地源自方案的详尽性，人们不能概览研究的关键所在的要点；对它的责难是有道理的，我将通过目前的这个《**导论**》来消除这种晦涩。

就其全部领域和界限来展示纯粹的理性能力的那部著作，始终依然是基础，《导论》仅仅作为预习而与之相关；因为在能够设想使形而上学出现之前，或者在能够设想对形而上学哪怕只抱有一种渺茫的希望之前，上述《批判》就必须是系统的，而且完备到它的最微小的部分。

通过把古老的、陈旧的知识从其过去的联系中提取出来，给它们穿上自己随意剪裁的系统化服装，但冠上新的名称，从

而使它们焕然一新，这是人们早就司空见惯了的。大部分读者事先也并未期待上述《批判》有别的东西。然而，本《导论》
〔262〕将使他们看出，这是一门全新的科学，之前没有任何人哪怕是想到过它，甚至它的纯然理念也是闻所未闻的，而且除了惟有**休谟**的怀疑能够提供的提示之外，迄今被给予的一切都不能有丝毫用处。休谟也对诸如此类的一门可能的正规科学没有任何预感，而是为了安全起见，把自己的船弄到浅滩（怀疑论）上，让它躺在那里烂掉。与此相反，对我来说关键在于给它一个驾驶员。这个驾驶员备有一张详尽的海图和一个罗盘，将根据从地球知识得来的航海术的可靠原则，能够随心所欲地把船安全地驾驶到任何地方。

在一门完全孤立的、在门类上独一无二的新科学中以一种成见行事，就好像人们用已经在别处获得的自以为的知识（尽管恰恰这种知识的实在性完全是必须事先予以怀疑的）就能够评判这门科学似的，这只能使人们认为到处看到的都是自己在别处已经知道的东西，因为种种表述与那种东西类似，只不过必然让他觉得一切都极其不成体统、不合情理、含混不清罢了；这是因为，人们在这里所依据的不是作者的思想，而始终只是他自己的、因长期的习惯而成自然的思维方式。但是，著作的详尽性（就它的根据在于科学本身，而不在于陈述而言）、此际不可避免的枯燥和经院式的缜密，是一些对于事业本身绝对有利、但对于书本身却必然不利的性质。

虽然并不是每一个人的文笔都能够像**大卫·休谟**那样细腻而又动人，像**莫色斯·门德尔松**那样缜密而又高雅，然而，如果我只是要拟定一个规划来交给别人去完成，如果我不把自己从事如此之久的这门科学的繁荣放在心头，我本来是能够让我的陈述（如我可以自夸的那样）具有通俗性的。此外，把早受欢迎的诱惑置于对一种迟到但却持久的赞同的期望之后，那是需要很大的毅力，甚至需要不小的自我克制的。

制订规划，这往往是一种华而不实、自我吹嘘的精神工作，人们用它来给予自己一种创造性天才的样子，因为他要求
〔263〕的是自己也不能提供的东西，他所指摘的是他自己也不能做得

更好的东西，他所建议的是他自己也不知道在哪里能找到的东西。然而，哪怕是对于一种普遍的理性批判的卓越规划来说，假如它不应当像通常那样仅仅成为具有虔诚愿望的一种空谈的话，所要求的就已经比人们所能够猜测的更多。不过，纯粹理性是一个如此与世隔绝的、自身如此浑然一体的领域，以至于人们触动其一个部分，就不可能不触动所有其他部分，不事先为每一个部分规定位置，并规定它对其他部分的影响，就不能有任何建树，因为在它外面没有任何东西能够在内部纠正我们的判断，每一个部分的有效性和应用都取决于它在理性本身里面与其他部分的关系，而且就像在一个有机物体的肢体构造中那样，每一个肢体的目的只能从整体的完备概念中得出。因此，关于这样一种批判，人们可以说，如果它不是被**完全完成**，直至纯粹理性的最微小要素，它就永远是不可靠的；而且关于这种能力的领域，人们必须要么规定和澄清**一切**，要么是**什么也不**规定和澄清。

然而，尽管要先行于《批判》的一种纯然的规划是不可理解的、不可靠的和无用的，但当它随在《批判》之后时，它就是更为有用的了。因为借助它，人们就能够概览整体，逐一审查这门科学关键所在的要点，比在该著的最初文本中所能做到的更好地处理阐述上的某些东西。

这里就是该著完成之后的这样一种**规划**，它如今可以按照**分析方法**来安排，而**原著**本身则不得不绝对按照**综合的教学法**来撰写，以便这门科学把它的所有环节，作为一种完全特殊的认识能力的肢体结构，就其自然结合展示出来。谁认为我当做《导论》放在一切未来形而上学之前的这个规划本身还是晦涩的，他就可以考虑一下：并不是非要每一个人都来研究形而上学不可；有一些才能，在缜密的、甚至深奥的、更多地接近直观的科学中完全能够发挥作用，但到用纯粹抽象的概念来进行研究时就不灵了；在这种情况下，人们就必须把自己的天赋用到另一个对象上去；但是，要从事评判形而上学、甚至拟定一种形而上学的人，绝对必须满足这里所提出的要求；即事情应当这样进行，他要么接受我的解决，要么就彻底驳倒它，用另 〔264〕

外一种来代替它——因为他不能回避它——，而最后，受到如此责难的晦涩性（他自己贪图安逸和智能低下的习惯借口）也有它的用处：既然凡是在其他一切科学上都保持谨慎的沉默的人，在形而上学问题上却大师般地夸夸其谈，大言不惭地作出裁定，因为在这里他们的无知的确与其他人的有知并没有明显的区别，但却与真正的批判原理有别，所以关于这些原理就可以赞扬说：

ignavum，fucos，pecus a praesepibus arcent.

Virg.

[工蜂不许游手好闲的雄蜂进入蜂巢。

维吉尔]

预先的提醒：论一切形而上学知识的特点 〔265〕

第 1 节　论形而上学的源泉

如果要把一种知识描述为**科学**，人们就必须事先能够精确地规定它不与任何一门别的科学共有的、因而是它所**特有的**区别之处；否则的话，一切科学的界限就会混淆不清，它们中的任何一门都不能按其本性得到周密的探讨。

这种特点可以是**客体**的不同，或者是**知识源泉**的不同，或者是**知识种类**的不同，或者即使不是所有这些不同，也有它们中的一些，这样，一门可能的科学及其领域的理念，所依据的就是这种特点。

首先，就一种形而上学知识的**源泉**而言，它的概念就已经说明，这些源泉不可能是经验性的。因此，形而上学知识的诸般原则（不仅包括它的原理，而且也包括它的基本概念）必然绝不是取自经验的：因为它不应当是物理学的知识，而应当是物理学之后的知识，也就是说在经验彼岸的知识。因此，无论是构成真正物理学之源泉的外部经验，还是构成经验性心理学之基础的内部经验，在它这里都不能作为基础。所以，它是先天的知识，或者是出自纯粹知性和纯粹理性的知识。 〔266〕

但是，它在这里与纯粹数学还没有任何区别之处；因此，它必须叫做**纯粹哲学知识**。由于这一表述的意义，我要援引《批判》第 712 页以下［B740－741］①；在那里，理性的这两种应用的区别解释得很明白，很充分。——关于形而上学知识的源泉，就说到这里。

① 本文所涉及的《纯粹理性批判》页码均为第一版，鉴于该版未全部录入《康德著作全集》，特以方括号标出第二版页码（下同）。——译者注

第 2 节　论惟一能够叫做形而上学的知识种类

一、论一般的综合判断和分析判断的区别

形而上学知识必须只包含先天判断，这是它的源泉的特点要求的。不过，各种判断无论有一个什么样的来源，或者无论就其逻辑形式而言是什么样的，毕竟在内容上有一种区别。由于内容，它们要么纯然是**解释性的**，对知识的内容没有任何增添，要么是**扩展性的**，扩大被给予的知识；前者可以被称为**分析**判断，后者可以被称为**综合**判断。

分析判断在谓词中所说的，无非是在主词中已经现实地想到的，虽然不是那么清楚，不是那么有意识。如果我说："一切物体都是有广延的"，那么，我一点也没有扩展我关于物体的概念，而仅仅是分析了它，因为在判断之前，广延尽管没有被那个概念明确说出，但已经被它现实地想到了；因此，该判断是分析的。与此相反，"一些物体是有重量的"这个命题，却在谓词中包含着某种在关于物体的一般概念中没有现实地想
〔267〕到的东西；因此，它扩大了我的知识，因为它给我的概念增添了某种东西，所以，它必须叫做综合判断。

二、一切分析判断的共同原则是矛盾律

一切分析判断都完全依据矛盾律，而且就其本性而言都是先天知识，无论充当它们材料的概念是不是经验性的。因为既然一个肯定的分析判断的谓词事先已经在主词的概念中被想到了，所以它被主词否定就不能没有矛盾；同样，它的反面在一个分析但却否定的判断中必然被主词否定，而且也是依据矛盾律。"任何物体都是有广延的"和"没有物体是没有广延的"这两个命题就是这样的。

正是因此之故，一切分析命题也都是先天判断，即使它们的概念是经验性的，例如，黄金是一种黄色的金属；因为为了知道这一点，我在我关于黄金的概念之外并不需要别的经验，这个概念就包含着：这个物体是黄色的，并且是金属。正是这构成了我的概念，而我除了分析它之外也不可以做别的事情，

用不着在它之外再去找别的什么东西。

三、综合判断除矛盾律之外，还需要另一个原则

有一些后天综合判断，它们的起源是经验性的；但是，也有一些肯定是先天的综合判断，它们产生自纯粹的知性和理性。但是，二者在这一点上是一致的，即它们的产生绝不能仅仅根据分析的原理亦即矛盾律；它们还需要一个完全不同的原则，尽管它们无论从什么原理推导出来的，在任何时候都必须**符合矛盾律**；因为没有任何东西可以违背这一原理，尽管并不是一切都能够从它推导出来。我要先对综合判断进行归类。

1. **经验判断**在任何时候都是综合的。把一个分析判断建立在经验之上，那是不合情理的，因为我根本不可以超出我的概念去作这种判断，因而也用不着经验的见证。一个物体是有广延的，这是一个先天确定的命题，并不是一个经验判断。因为在我进行经验之前，我在概念中就已经拥有我的判断的一切条件，我只能按照矛盾律从这个概念中得出谓词，并由此同时意识到判断的**必然性**，这种必然性是经验永远不会教给我的。 〔268〕

2. **数学判断**全都是综合的。这一命题尽管是无可争议地确定的，而且在后果上很重要，但似乎迄今被人类理性的分析家们完全忽视，甚至与他们的所有猜测都截然相反。因为既然人们发现数学家们的推理都是按照矛盾律进行的（这是任何一种无可争辩的确定性的本性所要求的），所以人们就让自己相信，种种原理也是从矛盾律得知的；他们在这里大错特错了。因为一个综合命题当然能够根据矛盾律来认识，但只是以另一个综合命题为前提条件，从那个命题能够推论出它来，却永远不能就自身而言来认识。

首先必须注意的是：真正的数学命题在任何时候都是先天判断，而不是经验性的，因为它们带有必然性，这种必然性不是从经验中能够得出的。但是，如果人们不想同意我这一点，那么好吧，我就把我的命题限制在**纯粹数学**上，纯粹数学的概念就已经说明，它所包含的不是经验性的知识，而纯然是纯粹的先天知识。

人们一开始就会想到，7＋5＝12 这个命题是一个纯然分析的命题，它是按照矛盾律从七与五之和的概念得出的。然而，如果进一步考察，人们就会发现，七与五之和的概念所包含的无非是两个数字合为一个惟一的数字，由此根本没有想到这个把二者合而为一的惟一的数字是什么。十二的概念绝不是通过我仅仅想到七和五的那种结合就已经被想到的；而且无论我对自己关于这样一个可能的和的概念分析多久，我在其中都
〔269〕发现不了十二。人们必须超出这些概念，借助与这两个概念中的一个概念相应的直观，例如其五个手指或者（像谢格奈在他的算术中那样）五个点，这样把直观中给出的五的各个单位一个一个地加在七的概念上。因此，人们实际上通过 7＋5＝12 这个命题扩展了自己的概念，而且给前一个概念加上了一个在它里面根本没有想到的新概念；也就是说，算术的命题在任何时候都是综合的，人们如果选取更大一些的数字，就将更清晰地意识到这一点；因为在这种情况下就很清楚，无论我们如何摆弄我们的概念，不借助于直观，仅仅凭借分析我们的概念，我们将永远得不到和。

纯粹几何学的任何一个原理同样都不是分析的。“两点之间直线是最短的线”，这是一个综合命题。因为我关于“直”的概念不包含量的任何东西，而是只包含一种质。因此，“最短”的概念完全是附加上去的，而且用任何分析都不能从直线的概念得出。因此，在这里必须借助直观，惟有凭借直观，综合才是可能的。

几何学家预设的其他一些原理虽然确实是分析的，并且是依据矛盾律的；但是，就像同一的命题一样，它们只用做方法的链条，而不是用做原则；例如 a＝a，即整体与自身相等，或者 (a＋b)＞a，即整体大于其部分。而且即便是这些命题本身，尽管它们是仅凭概念就有效的，但在数学中也只是由于它们能够在直观中被展现出来才被承认的。这里通常使我们相信这样一些无可置疑的判断的谓词已经包含在我们的概念之中、因而判断是分析判断的东西，只不过是表述的含混性罢了。也就是说，我们**应当**把某个谓词思维到一个被给予的概念上，而

且两个概念已经具有这种必然性。但是，问题并不是我们应当把什么东西**思维**到被给予的概念上，而是在于我们**实际上在该概念中**（虽然只是模糊地）**思维**到什么东西；而且在这里表现出，谓词虽然是必然地、但却不是直接地、而是凭借一个必须附加上的直观而与那个概念相联系的。

第3节　关于一般地把判断划分为分析判断和综合判断的说明 〔270〕

考虑到对人类知性的批判，这一划分是必不可少的，因而在这种批判中堪称是**典范的**；除此之外，我不知道它在别的什么地方会有一种相当大的用处。而且在这里，我还发现了一向只是在形而上学本身中，而不是在它外面，在一般的纯粹理性规律中寻找形而上学判断的源泉的独断论哲学家们之所以忽视这一自身显而易见的划分的原因，以及著名的**沃尔夫**或者步其后尘的思想敏锐的**鲍姆嘉登**能够在矛盾律中寻找显然是综合命题的充足理由律的证明的原因。与此相反，我在**洛克**的《人类理解论》中已经发现了对这种划分的暗示。因为在第4卷第3章第9节以下，在他事先已经谈过判断中表象的不同联结及其源泉，他把其中一种置于同一性或者矛盾中（分析判断），把另一种置于表象在一个主体里面的实存中（综合判断）之后，他在第10节中承认，我们对后者的知识（先天知识）是很狭窄的，差不多是根本没有任何知识。不过，在他关于这一类知识所说的话中，很少有确定的东西、被用做规则的东西，以至于如果没有人（特别是就连**休谟**也没有）从中找到理由对这一类命题进行考察，人们也不必大惊小怪。因为诸如此类普遍的、尽管如此又是确定的原则，是不容易从只是模糊地想到它们的其他人那里学到的。人们首先必须通过自己的反思达到这些原则，然后也在别的地方发现它们；人们最初在这别的地方肯定没有发现它们，因为就连作者本人也不知道，他们自己的说明是以这样一个理念为基础的。从来不独立思考的人们，尽管如此却具有洞察力，在有人向他们指出之后，在通常已经说过的东西中去窥探一切，毕竟之前没有人能够在那里看出这些东西。

〔271〕

《导论》的总问题：形而上学在某个地方是可能的吗？

第4节

如果确实有能够断言自己是科学的形而上学，那么，人们就能够说：这里就有形而上学，你们只可以学习它，而且它将不可抗拒地、不可改变地使你们坚信它的真理。果真如此，这个问题就没有必要了，而且只剩下了与其说涉及事物自身实存的证明、倒不如说涉及我们的洞察力的验证的问题，也就是说，**它是如何可能的**，理性如何开始达到它。如今，人类理性在这一事例上并不顺利。人们不能出示任何一本书，就像介绍一本**欧几里得**几何学那样，说：这就是形而上学，在这里你们将找到这门科学的最主要的目的，即一个最高存在者和一个来世的知识，从纯粹理性的原理出发得到证明。因为人们虽然能够出示许多无可置疑地确定的、从未被反驳过的命题，但这些命题全都是分析的，而且与其说涉及知识的扩展，倒不如说涉及形而上学的材料和建筑工具，而我们对形而上学的真正意图毕竟是知识的扩展（第2节，三）。但是，即便你们也出示一切综合命题（例如充足理由律），你们绝不是从纯然理性出发、因而如你们有义务做的那样先天地证明它们，而人们也乐于承认你们有这些命题，但当你们想把这些命题用于你们的主要目的时，你们却陷入了如此不允许的和不可靠的主张，以至于在任何时候一种形而上学都与另一种形而上学要么在主张本身上，要么在其证明上相互矛盾，由此自己否定了自己被持久赞同的要求。甚至实现这样一门科学的种种尝试，也毫无疑问曾经是如此早地出现怀疑论的首要原因；怀疑论是这样一种思维方式，其中理性对自身如此行事粗暴，以至于这种思维方式绝

对惟有在对理性最重要的意图方面的满足完全失望的时候才能
产生。因为早在开始有条理地质询自然之前很久，人们就曾经
仅仅质询自己分离开来的理性，理性已经在某种程度上通过普 〔272〕
通的经验被使用着，因为理性对我们来说毕竟总是在场的，而
自然规律却通常必须费劲去寻找。形而上学就是像泡沫一样浮
在上面，一旦被掬取出来的泡沫破碎，就马上在表面上出现另
一个泡沫；总是有一些人热衷于收集泡沫，而另一些人不去到
深处寻找这些现象的原因，却自作聪明，嘲笑前一些人白费
力气。

纯粹数学知识的本质以及与其他一切先天知识的区别之处，在于它绝对**不是从概念**产生的，而是必须在任何时候都惟有通过概念的构想产生的（《批判》，第 713 页 [B741]）。因此，既然它在其命题中必须超出概念达到与该概念相应的直观所包含的东西，所以它的命题也永远不能和不应当通过概念的分析亦即以分析的方式产生，因而全都是综合的。

但是，我不能不说明对这种通常很容易的、看起来微不足
道的考察的忽视曾给哲学带来的危害。当**休谟**感到与一位哲学
家相称的职分，即把自己的目光投向人类知性自以为在其中拥
有如此大的产业的纯粹先天知识的全部领域时，他却草率地从
中切割下整整一个省份，而且是最重要的省份，即纯粹数学；
在他的想象中，纯粹数学的本性，可以说是它的宪法，所依据
的是完全不同的原则，即仅仅依据矛盾律；而且尽管他并没有
像我在这里所做的那样正式地和普遍地、使用这样的称谓划分
命题，但事情毕竟恰好等于好像他说：纯粹数学只包含**分析**命
题，而形而上学则包含先天综合命题。在这里他大错特错了，
而且这一错误对他的整个概念有着决定性的不利后果。因为如
果他不是这样，那么，他本来可以把他关于我们的综合知识的
起源问题远远地扩展到他的形而上学因果性概念之外，也扩展
到数学的先天可能性之上；因为他必定同样会把数学认做综合
的。但在这种情况下，他就绝不能把自己的形而上学命题建立 〔273〕
在纯然经验之上，因为若不然，他就会使纯粹数学的公理同样
屈从于经验，那样做的话他就聪明过分了。形而上学结上好

伴，本来可以确保它免遭虐待的危险；因为要给予形而上学的打击，必定也会落到数学头上，但这并不是、也不可能是他的意见。这样一来，这位思想敏锐的人物就会被牵进必然与我们现在所从事的考察类似的考察，而由于他那不可模拟的漂亮文笔，这些考察本来是会受益无穷的。

真正的形而上学判断全都是综合的。人们必须把**属于形而上学的**判断与真正**形而上学的**判断区分开来。在前者中有很多分析判断，但它们只构成形而上学判断的手段，而这门科学的目的完全在于形而上学的判断，它们全都是综合的。因为如果概念属于形而上学，例如实体的概念，那么，仅仅从分析这些概念产生的判断也必然属于形而上学，例如“实体是仅仅作为主体实存的东西”等等。而且，凭借若干这样的分析判断，我们力图接近对这些概念的定义。但是，既然对一个（形而上学所包含的）纯粹知性概念的分析，并不是以有别于分析任何其他概念、哪怕是不属于形而上学的经验性概念（例如，空气是一种弹性的流体，其弹性不因任何已知的冷度而被取消）的方式进行的，所以，概念，并非分析判断，才是形而上学特有的；因为这门科学在产生其先天知识方面有某种特殊的和独特的东西，所以必须把它与它同其他所有知性知识所共有的东西区别开来；这样，例如“凡是在事物中是实体的东西，都是持久不变的”这个命题，就是一个综合的、形而上学特有的命题。

如果人们把构成形而上学的材料和建筑工具的先天概念事先按照某些原则收集到一起，那么，对这些概念的分析就具有很大的价值；这种分析也可以当做一个只包含属于形而上学的分析命题的特殊部分（仿佛是当做 philosophia definitiva［下〔274〕定义的哲学］），与构成形而上学本身的所有综合命题分别开来予以讲解。因为事实上，那些分析惟有在形而上学中，也就是说在应当从首先分析过的概念产生的综合命题方面，才有相当大的用处。

因此，本节的结论是：形而上学真正说来只与先天综合命题打交道，而且惟有先天综合命题才构成形而上学的目的。为此目的，形而上学虽然需要对自己的概念，因而对分析判断进行一些分析，但此时的行事方式却与人们只求通过分析澄清自己的概念的任何其他知识门类没有不同。惟有先天知识的**产生**，无论是根据直观还是根据概念，最后还有先天综合判断的**产生**，而且是在哲学知识中，才构成形而上学的根本内容。

由于对什么都没有告诉我们的独断论感到厌烦，同时也对到处都不承诺我们任何东西，甚至连被许可的无知这种坦然也不承诺的怀疑论感到厌烦，由于受到我们所需要的知识的重要性的敦促，而且由于长期的经验而在我们认为已拥有的或者在纯粹理性的标题下呈现给我们的任何知识方面感到怀疑，于是我们就只剩下一个批判的问题了，在回答完这个问题之后，我们就能够确立我们后面的态度了。这个问题就是：**形而上学究竟是可能的吗**？但是，这个问题必须不是用对一种现实的形而上学的某些主张所持的怀疑性异议来回答（因为我们现在还没有承认任何一种形而上学），而是必须从这样一门科学的还**成问题的**概念出发来回答。

在《**纯粹理性批判**》中，我在这个问题上是以综合的方式进行工作的，也就是说，我在纯粹理性本身中进行研究，而且在这个源泉本身中力求按照一些原则既规定它的纯粹应用的要素，也规定其法则。这件工作是艰巨的，要求一位果敢的读者用思想逐步深入一个体系，这个体系除了理性本身之外不把任何东西作为被给予的来当做基础，不依据某种事实，而是力求从理性的源始萌芽阐发知识。与此相反，《**导论**》应当是预备练习；它应当与其说是讲解一门科学本身，倒不如说是指出为尽可能地实现这门科学人们应当做什么。因此，它必须依据人们 〔275〕
已经知道可靠的某种东西，人们可以信心十足地从那里出发，上升到人们尚不知道的源泉，而这源泉的发现将不仅给我们解释人们已经知道的东西，而且同时将展示全都从上述源泉产生的许多知识的范围。因此，《导论》，尤其是应当为一种未来的形而上学做准备的《导论》，其方法上的行事方式将是**分析的**。

不过幸运的事情是：虽然我们不能认为作为科学的形而上学是**现实的**，但我们却能够有把握地说某些纯粹先天综合知识是现实的和给定的，这就是**纯粹数学**和**纯粹自然科学**；因为二者都包含着被公认部分地单凭理性而无可置疑地确定、部分地由于出自经验的普遍一致而无可置疑地确定却又不依赖于经验的命题。因此，我们有一些至少**无可争议的**先天综合知识，而且不可以问它们是否可能（因为它们是现实的），而是只可以问**它们是如何可能的**，以便能够从已被给予的知识的可能性的原则也推出其他一切知识的可能性来。

《导论》的总问题：出自纯粹理性的知识是如何可能的？

第 5 节

我们在上面已经看到了分析判断和综合判断的重大区别。分析命题的可能性很容易就能理解，因为它们所依据的只是矛盾律。后天综合命题，也就是说，从经验得出的这样一些命题，其可能性也不需要特殊的说明，因为经验无非就是知觉的不断组合（综合）。因此，我们只剩下了先天综合命题，它们的可能性必须去寻找或者研究，因为它们所依据的不是矛盾律，而必须是别的原则。

〔276〕但是，我们在这里不可以首先寻找这样一些命题的**可能性**，也就是说，不可以问它们是否可能。因为有足够多的这类命题，它们是以无可争议的确定性被现实地给予的，而且既然我们现在遵循的方法应当是分析的，所以我们就从诸如此类综合的、但却是纯粹的理性知识是现实的这一点开始。但在这种情况下，我们必须**研究**这种可能性的根据，并且问这种知识是如何可能的，以便我们能够从它的可能性的原则出发来规定它的应用的条件、这种应用的范围和界限。因此，一切都取决于这个真正的课题，它的严格准确的表达就是：

先天综合命题是如何可能的？

为了通俗性起见，我在上面对它的表达有些不同，也就是说，把它表达为关于出自纯粹理性的知识的问题；我这次当然可以这样做，并不会损害所要寻找的洞识，因为既然这里仅仅涉及形而上学及其源泉，所以我希望人们在任何时候都按照前面所做的提醒而记住：当我们在这里谈到出自纯粹理性的知识时，所说的绝不是分析知识，而仅仅是综合知识。①

形而上学的兴衰，从而其实存，就完全取决于这一课题的解决。尽管有人把自己在形而上学中的种种主张说得天花乱坠，堆砌起一批又一批的结论压得人喘不过气来，只要他不能事先令人满意地回答那个问题，我就有权说：这一切都是空洞的、毫无根据的哲学，是虚假的智慧。你通过纯粹理性说话，并且自以为仿佛是先天地创造出知识，因为你不仅分析了被给予的概念，而且还给出了新的联结，这些新联结不是依据矛盾律，而且你自认为它们完全不依赖于一切经验；你是怎样达到这一点的呢？你将怎样为这样的僭妄作出辩解呢？求助于普遍的人类理性的赞同，这是不能允许你的；因为这是一个其威望仅仅依据人云亦云的见证人。Quodcumque ostendis mihi sic, incredulous odi. ［无论你这样给我看什么，我都不予相信，而且厌恶。］——贺拉斯 〔277〕

但是，对这一问题的回答尽管必不可少，同时却也是很困难的；而人们之所以没有早就力求回答它，固然最主要的原因在于人们想都没有想到会问这样的东西，但毕竟还有一个次要

① 不可能防止的是，当知识逐渐地进展时，某些早在科学童年时代就有的、已经变成经典的术语，后来却被认为词不达意、不适合了，而某种更适当的新用法又会陷入与旧用法相混淆的危险。分析的方法虽然与综合的方法相对立，但却与分析命题的典型完全不同。它仅仅意味着：人们从所寻找的东西出发，就好像该东西已被给定似的，并由此上升到该东西惟有在其下才有可能的条件。在这种方法中，人们经常只使用综合命题，数学分析就是一个例证。它如果叫做**回溯的**方法要更好，以有别于综合的方法或者**前进的**方法。况且，“分析”这个名称还是作为逻辑学的一个主要部分出现的，在那里它是真理的逻辑，与“辩证”相对立，真正说来不考虑属于那种逻辑的知识是分析的还是综合的。

的原因，那就是：令人满意地回答这一个问题，比起一部一出版就保证其作者名垂不朽的形而上学鸿篇巨著来说，它需要付出更为坚毅、更为深刻、更为艰苦的思考。况且，任何一个明智的读者，如果他仔细地再三考虑这一课题的种种要求，必然一开始就被其困难所吓倒，认为它不可解决，而且如果不是现实地存在着诸如此类纯粹的先天综合知识的话，就会认为它们是完全不可能的；**大卫·休谟**实际上所遇到的就是这种情况，尽管他远远没有以这样的普遍性想象这个问题，而如果答案应当对整个形而上学是决定性的，问题就是这样提出并且必须这样提出。因为，这位思想敏锐的人士说，当我被给予一个概念时，我怎么可能超出这个概念，并且把另一个根本不包含在它里面的概念与它联结起来，就好像后者**必然地**属于它一样？惟有经验才能够给我们提供这样的联结（他就这样从被他视为不可能性的那个困难中得出结论），所有那些自以为的必然性，或者换句话说也一样，被认为是必然性的先天知识，都无非是一种长期的习惯，即把某种东西视为真的、因而把主观的必然性视为客观的。

如果读者抱怨我通过解决这个课题将给他带来的艰辛和劳
〔278〕累，那么，他可以尝试用更简易的方式来解决它。也许，到那时他将对为他接受了一项如此深刻的研究工作的人心存感激，并且对就事情的性质而言还能够轻易得到解决反而表示一些惊讶；为了能够完全普遍地（在数学家使用这个词的意义上，即在一切场合都充分地）解决这个课题，并且最终像读者在这里将看到的那样，用分析的形态把它展示出来，曾使我付出了几年之久的努力。

据此，所有形而上学家都被郑重地、合法地中止了他们的工作，一直要到他们令人满意地回答了**“先天综合知识是如何可能的？”**这个问题为止。因为他们如果要以纯粹理性的名义在我们这里兜售某种东西的话，必须出示的信任状就只是这种回答。但如果缺少这一信任状，他们所能够等待的就无非是已经经常受骗的明理人，不对他们的兜售作任何进一步的研究就拒斥他们。

与此相反，如果他们还想从事他们的工作，不是把它当做**科学**，而是当做一门有益的、适合普遍的人类知性的劝说**艺术**，那么，出于公正，不能禁止他们干这件营生。在这种情况下，他们将使用一种理性信念的谦虚语言，他们将承认自己不被允许对处于一切可能经验的界限之外的东西哪怕仅仅作出**猜测**，更不用说**知道**什么了，而是只能**假定**（不是为思辨的应用，因为他们必须放弃思辨的应用，而是仅仅为实践的应用）某种为了在生活中指导知性和意志所可能、甚至必不可少的东西。惟有如此，他们才能够享有有用的人和睿智的人的声誉；他们越是放弃形而上学家的声誉，就越是如此，因为形而上学家想当思辨哲学家；而且既然在涉及先天判断时，人们不能把这委诸淡而无味的或然性（因为据称被先天地认识的东西，正因为此而被宣告为必然的），所以就不能容许他们玩弄猜测，相反，他们的主张必须是科学，或者它就根本什么也不是。〔279〕

可以说，必然先行于一切形而上学的整个先验哲学，本身就无非是对这里提出的问题的全面解决，只不过是以系统的次序和详尽性罢了，因此，人们至今还没有先验哲学。因为使用这个名称的东西，真正说来是形而上学的一个部分。但前一门科学应当首先构成后者的可能性，因而必须先行于一切形而上学。因此，既然哪怕是为了充分地回答一个惟一的问题，就需要一门完整的、而且也得不到出自其他科学的任何帮助、因而就自身而言崭新的科学，那么，如果这个问题的解决包含着麻烦和困难，甚至包含着一些晦涩，人们也不必大惊小怪。

我们现在开始着手这种解决，并且是按照分析的方法；在这种解决中，我们以这样一些出自纯粹理性的知识是现实的为前提条件。这样，我们就只能援引两门理论知识（这里只谈理论知识）的**科学**，亦即**纯粹数学**和**纯粹自然科学**。因为只有这两门科学能够在直观中给我们展示对象，所以如果在它们里面出现先天知识，它们就能够具体地给我们指出这种知识的真理性或者它与客体的一致，也就是说，指出它的**现实性**，然后就可以由此沿着分析的道路前进到它的可能性的根据。这就大大地简化了工作。在这件工作中，普遍的考察不仅被运用于事实，而且甚至从事实出发，而在综合的方法中，事实就必须完全抽象地从概念中派生出来。

但是，为了从这些现实的、同时也是有根据的纯粹先天知识出发上升到我们所寻求的一种可能的知识，亦即一种作为科学的形而上学，我们就需要把引发它的东西，而且作为仅仅被自然地给予的、尽管其真理性并非无可怀疑的先天知识（对这种知识的处理，不经过对其可能性的任何批判的研究，通常已经被称为形而上学）而是它的基础的东西，一言以蔽之，这样一门科学的自然条件，一并置于我们的主要问题之下；而这样
〔280〕一来，先验的主要问题就将分为另外四个问题，逐步地予以答复。

1. **纯粹数学是如何可能的**？
2. **纯粹自然科学是如何可能的**？
3. **一般形而上学是如何可能的**？
4. **作为科学的形而上学是如何可能的**？

可以看出，虽然这些课题的解决主要应当展示《批判》的根本内容，但它也有单凭其本身就值得注意的独特之处，那就是在理性本身中为给定的各门科学寻找源泉，以便由此凭借事实本身来研究和衡量理性先天地认识某种东西的能力；这些科学本身尽管不是在其内容方面，但毕竟就其正确的应用而言，将由此而有所获益，而且在它们由于共同的起源而澄清一个更高的问题的同时，也提供了更好地阐明它们自己的本性的机会。

先验的主要问题

第一章　纯粹数学是如何可能的？

第 6 节

这里有一种庞大的、并且已得到证明的知识，它现在就已经具有值得惊赞的规模，并且预示着未来不可限量的发展；它

具有完全无可置疑的确定性，也就是绝对的必然性，因此不依据任何经验的根据，从而是一种纯粹的理性产物，此外它又完全是综合的。“人类理性如何可能完全先天地产生出这样一种知识呢?”既然这种能力不依据经验，也不能依据经验，难道它不是以某种先天的认识根据为前提条件，这种认识根据深深地隐藏着，但只要人们努力地探索它的这些结果的最初开端，它就会通过这些结果显露出来吗?

第 7 节

〔281〕

但是我们发现，一切数学知识都具有这种独特之处，即它必须事先**在直观中**，而且是在先天直观中，从而是在一种并非经验性的，而是纯粹的直观中展示它的概念。没有这样的手段，它就一步也不能前进。因此，它的判断在任何时候都是**直观的**，而哲学却必须满足于**出自纯然概念**的**论证性**判断，而且它尽可以通过直观来阐明它的无可置疑的学说，但却永远不能从直观中推导出这种学说。对数学的本性的这种考察已经把我们导向了它的第一个条件，亦即最高的条件，这就是：它必须以某种**纯直观**为基础，在这种纯直观中，它才能具体地、尽管如此却是先天地展示它的所有概念，或者如人们所说，**构想**它的所有概念。① 如果我们能够发现这种纯直观和这样一种直观的可能性，那么，由此就很容易说明，纯粹数学中的先天综合命题是如何可能的，从而也就很容易说明，这门科学本身是如何可能的；因为就像经验性的直观毫无困难地使得我们有可能通过直观本身展示的新谓词在经验中综合地扩展我们关于直观的一个客体所形成的概念一样，纯直观也将做到这一点。不过区别在于：先天综合判断在后一场合是先天地确定的和无可置疑的，而在前一场合则是后天地和经验性地确定的，因为后者只包含在偶然的经验性直观中所遇到的东西，而前者则包含在

① 参见《批判》，713 页［B741］。

纯直观中必然遇到的东西，因为纯直观作为先天直观，**在一切经验**或者个别知觉**之前**就与概念不可分割地结合在一起了。

第 8 节

然而，困难在这一步似乎反倒是增加了，而不是减少了。因为从现在开始，问题就是这样了：**先天地直观某种东西，这是如何可能的**？直观是一种表象，就像它直接地依赖对象的在场一样。因此，**先天原初地**进行直观似乎是不可能的，因为在
〔282〕这种情况下，直观的发生就没有一个它与之相关的、无论是以前还是现在在场的对象，因而就不能是直观。概念虽然具有这样的性质，即我们完全能够先天地形成一些概念，也就是说，那些只是包含对一个一般的对象的思维的概念，我们用不着与对象有直接的关系，例如大小、原因等等的概念；但即便是这些概念，为了赋予它们含义和意义，它们也需要某种具体的应用，也就是说，需要运用到某种直观上去；由此，它们的一个对象才被给予我们。然而，对象的**直观**如何能够先行于对象本身呢？

第 9 节

如果我们的直观具有这样的性质，即它表象事物，**如其就自身而言所是**，那么，就根本不会发生先天的直观，而直观就会永远是经验性的。因为惟有当对象自身对我在场并且被给予我的时候，我才能知道它里面所包含的东西。当然，即便在这种情况下，也还是不能理解，对一个在场的事物的直观应当如何把该事物如其就自身而言所是的那样给予我来认识，因为它的属性是不能移到我的表象能力中的。然而，即使承认有这种可能性，诸如此类的直观也毕竟不能先天地发生，也就是说，不能在对象被表象给我之前发生；因为不是这样，就不能设想我的表象与对象的关系有任何根据，表象所依据的就必然是灵感。因此，我的直观先行于对象的现实性并作为先天知识发

生，这只有以惟一一种方式才是可能的，**也就是说，它不包含任何别的东西，只包含感性的形式，这种感性的形式在我的主体里面先行于我被对象刺激所凭借的一切现实的印象**。因为我先天地知道，感官的对象惟有按照感性的这种形式才能够被直观。由此得出：对于感官的对象来说，仅仅涉及感性直观的这种形式的命题将是可能的和有效的，此外反过来说，除了我们感官的对象之外，先天可能的直观绝不能涉及别的事物。

第 10 节 〔283〕

因此，我们能够先天地直观事物所凭借的，就只是感性直观的形式；但由此，我们也只是如客体能够**显现**给我们（我们的感官）的那样，而不是如其就自身而言可能是的那样来认识它们；而且，如果先天综合命题被承认为可能的，或者，如果它们被现实地发现，它们的可能性应当得到理解，并且事先得到规定，那么，上述预设就绝对是必要的。

如今，空间和时间就是这样的直观，纯粹数学把它们作为其既无可置疑地、同时也必然地产生的一切知识和判断的基础。因为数学必须首先在直观中，而纯粹数学必须首先在纯直观中展示自己的所有概念，也就是说，构造这些概念。没有这种直观（因为纯粹数学不能分析地、亦即通过分析概念来行事，而是只能综合地行事），也就是说，惟有在纯直观中先天综合判断的材料才能被给予，只要纯粹数学缺乏纯直观，它就一步也不能前进。几何学以空间的纯直观为基础。算术甚至是通过各单位在时间中的渐进相加来完成其数字概念的；而尤其是纯粹力学，惟有借助时间的表象才能完成其关于运动的概念。但是，这两种表象都纯然是直观；因为如果人们从物体的经验性的直观和物体的变化（运动）中去掉一切经验性的东西，亦即去掉属于感觉的东西，那么，还会剩下空间和时间，因而它们是纯直观；它们先天地作为物体的经验性的直观和物体的变化的基础，因而是绝不能被去掉的。但正因为它们是纯先天直观，也就证明它们纯然是我们的感性的形式，这些形式必然先行于一切经验性的直观，也就是说，先行于对现实对象的知觉，而且按照它们就能够先天地认识对象，但当然仅仅是如对象向我们显现的样子。

第 11 节

因此，目前这一部分的课题已经解决了。作为先天综合知识的纯粹数学，只是因为它仅仅关涉感官的对象才是可能的，
〔284〕而感官的对象的经验性直观是以一种（空间和时间的）纯直观，亦即先天的直观为基础的，而且之所以能够以它为基础，乃是因为这种纯直观无非就是感性的纯然形式，这种感性的形式先行于对象的现实显象，因为它在事实上首先使显象成为可能。不过，这种先天直观的能力并不涉及显象的质料，也就是说，不涉及在显象中是感觉的东西，因为感觉构成的是经验性的东西，而是只涉及显象的形式，即空间和时间。如果有人对空间和时间根本不是与物自身相联系的规定，而只是与物自身同感性的关系相联系的规定稍有怀疑的话，我很乐意知道，他如何能够认为有可能先天地，因而在对事物有任何认识之先，也就是在事物被给予我们之先，就知道事物的直观必然是什么性状；这里对于空间和时间来说正是这种情况。但是，一旦二者仅仅被视为我们的感性的形式条件，而对象仅仅被视为显象，上述说法就是完全可以理解的；因为在这种情况下，显象的形式，亦即纯直观，当然就能够从我们自己出发、亦即先天地被表象了。

第 12 节

为了给阐明和证实补充一点东西，人们只需要看一看几何学家通常的而且绝对必要的行事方式就可以了。对于两个被给予的图形的全等（一个图形能够在所有部分上都置于另一个图形的位置上）的一切证明，最终都旨在于说明它们彼此相符；这显然不是别的，而是一个依据直接的直观的综合命题；而这

个直观必须是纯粹地和先天地被给予的，若不然，那个命题就不能被视为无可置疑地确定，而是只具有经验性的确定性。那也就只是说，人们在任何时候都发现是这样，而且该命题只是在我们的知觉迄今所达到的范围有效。完整的空间（它自身不再是另一个空间的界限）具有三个维度，而且空间也根本不能多于三个维度，这被建立在如下命题上，即在一个点上不能有多于三条线垂直相交；但是，这个命题根本不能从概念出发来说明，而是直接地依据直观，当然所依据的是先天的纯直观， 〔285〕
因为它是无可置疑地确定的；人们可以要求把一条线延长到无限（in indefinitum），或者把一系列变化（例如由运动所经过的诸多空间）延续到无限，但这是以空间和时间的表象为前提条件的。而这种表象，就其本身不受任何东西限制而言，是仅仅依附于直观的；因为它绝不能从概念中推论出来。因此，数学确实是以先天的纯直观为基础的，这些先天的纯直观使其综合的、无可置疑地有效的命题成为可能。因此，我们就空间和时间而言对概念进行的先验演绎同时说明了一种纯粹数学的可能性。假如没有这样一种演绎，假如我们不接受“凡是能够被给予我们的感官（在空间中被给予我们的外感官，在时间中被给予我们的内感官）的东西，都只是如其向我们显现的那样被直观，而不是如其就自身而言所是的那样被直观”，那么，一种纯粹数学的可能性就虽然能够被承认，但却绝对不能被认识。

第 13 节

尚未能够摆脱空间和时间是属于物自身的现实性状这种概念的人，可以把他们的洞察力用在如下的悖论上，并且在他们徒劳地尝试过解决这种悖论，至少是暂时放弃了成见之后，他们就会猜想，把空间和时间贬黜为我们的感性直观的纯然形式，也许是有其根据的。

如果两个事物在对每一个单独来看所能够认识到的所有方面（在所有属于量和质的规定上）都完全相同，那就必然得出，在所有场合和关系中，一个都能够被置于另一个的位置上，这种替代不会引起丝毫可辨认的区别。事实上，几何学中的平面图形就是这种情况；然而，不同的球面图形，虽然有那种完全的内在一致性，却在外在的关系上表现出这样一种差异，以至于一个根本不能被置于另一个的位置上；例如，分别处于两个半球上的两个球面三角形，以赤道上的一条弧为共同底边，无论就其各边而言还是就其各角而言都能够完全相等，
〔286〕以至于如果人们单独地、同时全面地描述其中的一个，在它那里将不会发现任何不同时在对另一个的描述里面的东西，尽管如此，一个却不能被置于另一个（亦即在相反的半球上的那一个）的位置上；这里毕竟有两个三角形的一种**内在的**差异，没有任何知性能够说明这种差异是内在的，它惟有通过空间中的外在关系才能够显示出来。不过，我想再举几个从日常生活就能得出的更平常的实例。

还有比我的手或者我的耳朵在镜子中的影像与它们更相似、在所有方面都更相等的东西吗？尽管如此，我却不能把在镜子里看到的这样一只手置于其原型的位置上；因为如果这是一只右手，那么，在镜子里那只手就是一只左手，右耳的影像就是一只左耳，它绝不能取代右耳的位置。如今，这里没有某种知性所能够设想的任何内在区别，尽管如此，就感官所教导的而言，区别却是内在的，因为无论双方如何相等、相似，左手与右手毕竟不能被围在同样的界限之间（它们不能全等）；一只手的手套不能戴到另一只手上。那么答案是什么呢？这些对象并不是事物如其就自身而言所是的那样、如纯粹知性所认识它们那样的表象，而是一些感性直观，亦即显象，它们的可能性所依据的是某些就自身而言未知的事物与某种别的东西，亦即我们的感性的关系。至于我们的感性，空间是其外直观的形式，而且对任何空间的内在规定都惟有通过对与整个空间的外在关系的规定才是可能的，任何空间都是整个空间的一个部分（就其与外感官的关系而言），也就是说，部分惟有通过整体才是可能的；这对于作为纯然知性的对象的物自身来说绝不成立，但对于纯然显象来说却是成立的。因此，对于相似和相

等，但毕竟不全等的事物（例如相反的螺旋），我们不能通过任何概念，而只能通过与右手和左手的关系来说明它们的区别，而这直接关涉到直观。

附释一

〔287〕

纯粹数学，尤其是纯粹几何学，惟有在它仅仅关涉感官的对象的条件下，才能够有客观的实在性。就感官的对象而言，如下原理是肯定的：我们的感性表象绝不是物自身的表象，而只是物向我们显现的方式的表象。由此得出，几何学的命题不是对我们从事虚构的想象力的一种纯然造物的规定，因而不能可靠地与现实的对象相关，而是必然地对空间有效，因而也对能够在空间中发现的一切有效，因为空间无非就是一切外部显象的形式，惟有在这形式之下，感官的对象才能被给予我们。几何学以感性的形式为基础，感性是外部显象的可能性所依据的东西；因此，外部显象绝不能包含某种别的东西，只能包含几何学为它们规定的东西。如果感官必须如客体就自身而言所是的那样来表象客体，事情就会完全不同。因为在这里，几何学家先天地以空间的表象以及空间的一切属性为基础，而从空间的表象中还根本不能得出，这一切连同从它们推论出的东西在自然中都必定恰恰如此。人们会把几何学家的空间视为纯然的虚构，不相信它有任何客观的有效性，因为人们根本看不出，事物何以必然与我们从自身出发事先关于它们形成的影像一致。但是，如果这种影像，或者毋宁说这种形式的直观，是我们的感性的根本属性，惟有凭借它对象才被给予我们，但这种感性并不表象物自身，而是只表象物的显象，那么就十分容易理解，同时也可以无可辩驳地证明：我们的感官世界的一切外在对象必然与几何学的命题极为精确地一致，因为是感性通过它为几何学家所研究的外直观的形式（空间），才使得作为纯然显象自身的那些对象成为可能的。在哲学的历史上，这将永远是一个值得注意的现象，即曾经有过一个时代，甚至一些同时是哲学家的数学家也居然开始怀疑起来，他们虽然不怀疑

〔288〕自己的几何学命题——就这些命题仅仅涉及空间而言——的正确性，但却怀疑这个概念本身及其一切几何学规定对自然的客观有效性和运用；那时他们担心，自然中的一条线很可能是由一些物理学的点构成的，从而客体中的真实的空间是由一些简单的部分构成的，尽管几何学家思想中的空间绝不是这样构成的。他们没有认识到：这个思想中的空间居然使得物理学的空间，亦即物质本身的广延成为可能；空间根本不是物自身的性状，而仅仅是我们的感性表象能力的一种形式；空间中的一切对象都是纯然的显象，也就是说，不是物自身，而是我们的感性直观的表象；而且既然像几何学家所设想的那样的空间，完全是我们先天地在自己里面所发现的感性直观形式，而且这种形式包含着一切外在显象（在形式上）的可能性的根据，所以这些显象就必然地并且精确地与几何学家的命题相一致。几何学家不是从任何虚构的概念，而是从一切外在显象的主观基础，亦即从感性本身得出这些命题的。以这样的方式，而不是以别的方式，几何学家就能够因自己的命题的无可置疑的客观实在性而得到保障，来对付一种浅薄的形而上学的任何刁难，无论这些命题对这种形而上学来说多么奇怪，因为这种形而上学并不一直追溯到其概念的源泉。

附释二

凡是应当作为对象被给予我们的东西，都必须在直观中被给予我们。但我们的一切直观都惟有借助感官才发生。知性不直观任何东西，而是只进行反思。根据现在已证明过的，既然感官永远并且丝毫不给予我们物自身，而是只给予我们事物的显象供认识，而这些显象又仅仅是我们的感性的表象，“所以，一切物体连同它们处于其中的空间都必须被视为无非是我们里面的表象，并且仅仅实存于我们的思想中，而不实存于其他任何地方”。这难道不是明显的唯心论吗？

唯心论在于主张除了能思维的存在者之外不存在任何别的
〔289〕东西，我们认为在直观中知觉到的其他事物只不过是能思维的

存在者里面的表象罢了，事实上没有在这些能思维的存在者之外存在的对象与它们相应。与此相反，我说的是：有事物作为存在于我们之外的我们感官的对象被给予我们，但关于它们就自身而言可能是什么，我们却一无所知，我们只认识它们的显象，也就是它们在刺激我们的感官时在我们里面所造成的表象。据此，我当然承认，在我们之外有物体存在，也就是说，有这样一些事物存在，虽然根据这些事物就自身而言所可能是的样子，它们完全不为我们所知，但我们通过它们对我们的感性的影响给我们所造成的表象来认识它们，而且我们把它们称为物体。因此，这个词所指的仅仅是那个对我们来说未知的、尽管如此仍现实的对象的显象。能够把这叫做唯心论吗？恰恰与此相反。

关于外部事物的大量属性，人们可以在无损于外部事物的现实实存的情况下说：它们并不属于这些事物自身，而是仅仅属于这些事物的显象，而且在我们的表象之外没有自己的实存。这是某种在**洛克**的时代之前很久，但尤其是在洛克之后已普遍被接受和承认的说法。热、颜色、味道等等就属于此列。但是，除了这些属性之外，出自一些重要的原因，我把物体的其他一些性质，即人们称之为第一性的质的性质，如广延、位置以及一般来说把空间连同属于空间的一切（不可入性或者质料性、形状等等），也一起列入纯然的显象，对此，人们不可能举出丝毫根据说它不充分来加以反对。而且，就像不想把颜色当做属于客体自身的属性，而是让它作为变状仅仅属于视觉的人并不因此就可以叫做唯心论者一样，也不能仅仅因为我认为，还有更多的，**甚至所有构成一个物体的直观的属性**，都仅仅属于这个物体的显象，我的学说就叫做唯心论；因为显现的事物的实存由此并不像在真正的唯心论者那里一样被取消了，这里只是指出，我们通过感官根本不能如其就自身而言所是的那样来认识它。

我很乐意知道，我的这些主张要想不包含一种唯心论，究竟必须是什么样子。毫无疑问，我必须说：空间的表象不仅完全符合我们的感性与客体的关系，因为这是我已经说过的；而 〔290〕

且我还必须说：它甚至与客体完全相似；这是一种我不能赋予其任何意义的主张，就像说红的东西的感觉与在我里面引起这种感觉的朱砂的属性具有一种相似性一样。

附释三

由此出发，就可以轻而易举地驳斥一种很容易预料到的、但却毫无价值的指责了。这种指责就是："由于空间和时间的观念性，整个感官世界就会变成纯粹的幻相。"也就是说，人们首先把感性置入一种混乱的表象方式，按照这种方式，我们一直还能够如其所是地认识事物，只是没有能力在我们的这种表象中使一切达到清晰的意识罢了，由此人们也就败坏了对感性认识的本性的一切哲学洞识；与此相反，我们则证明了，感性并不在于清晰与模糊的这种逻辑区别，而是在于知识本身的起源的发生学区别，因为感性认识绝不是如其所是地表象事物，而是仅仅表象事物刺激我们的感官的方式，因此通过感性认识，提供给知性供反思的仅仅是显象，而不是事物本身；在作出这种必要的纠正之后，就显露出一种出自不可原谅的、几乎是蓄意的曲解的指责，就好像我的学说把感官世界的一切事物都变成了纯粹的幻相似的。

当显象被给予我们之后，我们仍然是完全自由的，可以随意由此出发对事情作出判断。前者，亦即显象，依据的是感官，而这种判断依据的则是知性，问题仅仅在于，在对对象的规定中是不是有真实性。然而，真实与梦幻之间的区别并不是通过与对象相关的表象的性状来发现的，因为表象在这两者之中都是一回事，而是通过这些表象按照在一个客体的概念中规定表象之联系的种种规则的联结，以及它们在一个经验中如何能够或者不能够遥远地共存来发现的。而在这里，如果我们的认识把幻相当成了真理，也就是说，如果一个客体被给予我们
〔291〕所凭借的直观被视为对象的概念，或者也被视为知性只能去思维的对象的实存，那么，责任也不在于显象。感官时而顺行地、时而逆行地给我们表象行星的运行，而在这方面却既没有

错误也没有真实，因为只要人们满足于这首先只是显象，那么对它们的运动的客观性状就还根本没有作判断。但是，由于如果知性不注意防止把这种主观的表象方式视为客观的表象方式，就很容易产生一种错误的判断，所以人们就说：它们显得是在后退；然而，幻相不能算在感官的账上，而应当算在知性的账上；从显象出发作出一个客观的判断，这仅仅应归于知性。

以这样的方式，如果我们也根本不考虑我们的表象的起源，并且把我们的感官直观——无论它们包含什么——在空间和时间中按照一切知识的联系规则在一个经验中联结起来，那么，根据我们是疏忽大意还是小心谨慎，就会产生出骗人的幻相或者真理；这仅仅关涉感性表象在知性中的应用，而不关涉它们的起源。同样，如果我把感官的一切表象连同它们的形式，即空间和时间，仅仅视为显象，并且把空间和时间仅仅视为感性的形式，在感性之外到客体那里根本发现不了这种形式，而且我只是与可能的经验相关来使用这些表象，那么，我把它们视为纯然的显象，其中就不包含丝毫错误的诱导或者幻相；因为它们尽管如此也能够按照真实性的规则在经验中正确地联系起来。以这样的方式，几何学的所有命题都既对空间有效，也对感官的一切对象有效，从而就一切可能的经验而言有效，无论我把空间仅仅视为感性的形式，还是视为某种附属于事物本身的东西；固然，惟有在第一种情况下，我才能够理解如何可能先天地知道关于外部直观的所有对象的那些命题，否则的话，在所有可能的经验方面，一切都将依然如同我根本没有这样脱离常见那样。

但是，如果我冒险以我关于空间和时间的概念超出一切可能的经验，而假如我把空间和时间冒充成属于物自身的性状，这就是不可避免的（因为即使我的感官的安排是另一种样子的，无论它们是否适合这些物自身，有什么东西应当阻止我去 〔292〕
使空间和时间也对这些物自身有效呢?），那么，就会产生一种建立在幻相之上的严重错误；在这里，我把是事物的直观的一种仅仅属于我的主体的条件的东西，把肯定对感官的一切对象、从而对一切可能的经验有效的东西，冒充成普遍有效的，因为我使这一条件与物自身相关，没有把它限制在经验的条件上。

因此，我关于空间和时间的观念性的学说，远远没有使整个感官世界成为纯然的幻相，毋宁说，它是保证最重要的知识之一亦即先天数学所讲述的知识运用于现实的对象上、并且防止人们把它视为纯然幻相的惟一办法，因为没有这一说明，就完全不可能澄清，我们不可能从任何经验借来、尽管如此却先天地存在于我们的表象之中的空间和时间的直观，是不是没有任何对象与之相应、或者至少不恰切地与之相应的自制的幻想，因而几何学本身就是纯然的幻相；与此相反，恰恰因为感官世界的一切对象都仅仅是显象，我们才能阐明几何学在这方面的无可辩驳的有效性。

其次，我的这些原则远远没有因为使感官的表象成了显象，就使它们没有获得经验的真实性，而转变成纯然的幻相，毋宁说，它是防止先验幻相的惟一办法；形而上学一直被先验幻相所蒙骗，受其引诱幼稚地去努力捕捉肥皂泡，因为人们把本来只不过是表象的显象当成了事物自身。由此，就产生了理性的二论背反所有那些值得注意的争吵；关于这些争吵，我以后将会提到，它们由于那个惟一的说明而被消除了，即显象只要被用在经验中，所产生的就是真实性，而一旦超出经验的界限并成为超验的，所产生的就纯粹是幻相。

因此，既然我为我们通过感官所表象的事物保留了其现实性，并且仅仅限制我们对这些事物的感性直观，让它根本不在
〔293〕任何地方，即便在空间和时间的纯直观中也不表象更多的东西，而只表象那些事物的显象，绝不表象那些事物自身的性状，所以这并不是我给自然捏造的普遍幻相；针对所谓唯心论的所有责难，我的抗议是如此简明、如此清楚，以至于如果不是有一些毫无资格的评判者，由于喜欢把对他们错误的、尽管平庸的见解的任何背离都冠上一个老名称，从来不对哲学称谓的精神作判断，而是仅仅死抠字眼，从而准备用他们自己的妄念来取代明确规定了的概念，并由此败坏和歪曲这些概念的

话，我的抗议就会显得是多余的。我自己把我的这种理论称为先验的唯心论，这不能给任何人以权利把它同**笛卡**尔的经验性的唯心论（尽管这种唯心论只是一个课题，按照**笛卡尔**的意见，由于这一课题不可解决，每一个人都有自由去否定形体世界的实存，因为它永远得不到令人满意的回答）或者同**贝克莱**的神秘主义的、狂想的唯心论（毋宁说，我们的批判包含着真正的解毒剂来对付它和其他类似的幻想）混为一谈。因为我所说的这种唯心论并不涉及事物的实存（不过，对这种实存的怀疑真正说来构成了常用意义上的唯心论），我从来没有想到过怀疑事物的实存，而是仅仅涉及事物的感性表象；属于这种表象的，首先是空间和时间。关于空间和时间，从而一般而言关于一切**显象**，我仅仅指出了：它们并不是事物（而是纯然的表象方式），也不是属于事物自身的规定。但是，“先验”这个词在我这里从来没有意味着我们的知识与事物的一种关系，而是仅仅意味着我们的知识与**认识能力**的关系，它本来是应当防止这种误解的。但在这一称谓还将继续引起这种误解之前，我宁愿收回它，要把它称做批判的唯心论。不过，如果把现实的事物（不是显象）变成纯然的表象就是一种事实上卑下的唯心论的话，那么，人们又想如何称谓反过来把纯然的表象变成事物的唯心论呢？我想，人们可以把它叫做**做梦的**唯心论，以便与前者相区别，前者可以叫做**狂想的**唯心论；二者都应当通过我的通常所谓先验的、最好叫做**批判的**唯心论来避免。〔294〕

第二章 纯粹自然科学是如何可能的？

第 14 节

自然就是事物的**存在**，这是就存在按照普遍的规律被规定而言的。如果自然应当指物**自身**的存在，那么，我们就永远既不能先天地认识它，也不能后天地认识它；之所以不能先天地认识它，乃是因为，我们要如何知道属于物自身的东西呢？这是永远不能通过分析我们的概念（分析命题）来做到的，因为我要知道的，并不是包含在我关于一个事物的概念之中的东西（因为这属于它的逻辑本质），而是在该事物的现实性中附加到这个概念上、并且使事物本身就其在我的概念之外的存在而言得到规定的东西。我的知性和它惟有在其下才能把事物的种种规定在其存在中联结起来的条件，都不给事物本身规定任何规则；这些事物本身并不符合我的知性，而是我的知性必须符合这些事物本身；因此，它们必须事先被给予我，以便从它们得出这些规定；但在这种情况下，它们就不能先天地被认识。

即便是在后天上，对物自身的本性的这样一种认识也是不可能的。因为如果经验应当告诉我事物的存在所服从的**规律**，那么，就这些规律涉及物自身而言，它们就必须也在我的经验之外**必然地**属于物自身。如今，经验虽然告诉我什么东西存在以及它如何存在，但却永远不告诉我它必然如此存在，而不是以别的方式存在。因此，它永远不能告知物自身的本性。

第 15 节

现在，我们毕竟已经现实地拥有一种纯粹自然科学，它先
〔295〕天地、并且以无可置疑的命题所要求的全部必然性来讲授自然所服从的规律。我在这里只提出自然学说的预科来作见证，它以普遍自然科学的名义先行于一切物理学（物理学乃是建立在经验性的原则之上的）。在这里，人们发现了应用于显象的数学，也有（出自概念的）纯然论证性原理，它们构成了纯粹自然知识的哲学部分。然而，在它里面毕竟还有许多不是完全纯粹的、不依赖于经验源泉的东西：例如**运动**、**不可入性**（物质的经验性概念就依据于它）、**惰性**等等的概念，它们使得它不能叫做完全纯粹的自然科学；此外，它只涉及外感官的对象，所以不提供严格意义上的普遍自然科学的例证，因为普遍的自然科学必须把一般的自然置于普遍的规律之下，无论它涉及的是外感官的对象还是内感官的对象（无论是物理学的对象还是

哲学的对象)。但是，在那种普遍的物理学的原理中，有一些原理实际上具有我们所要求的普遍性，例如这样的命题：**实体常驻**不变；**凡是发生的东西**，在任何时候都是**由一个原因**按照稳定的规律事先**规定**的；等等。这些实际上都是完全先天地存在的普遍自然规律。因此，事实上存在着一种纯粹的自然科学，而现在的问题是：**它是如何可能的**？

第 16 节

自然这个词还有另外一种意义，亦即规定**客体**的意义，而在上面的意义中，它指的仅仅是一般事物之存在的种种规定的**合规律性**。因此，从质料上来看，自然是**经验的一切对象的总和**。我们在这里只和这种意义打交道，因为对于永远不能成为经验对象的事物，如果应当按照它们的本性来认识它们，我们就必须有一些概念，这些概念的意义永远不能具体地（在一种可能经验的某个例证中）被给予，因此，关于这些事物的本性，我们就必须纯然是制作出一切概念，而这些概念的实在性，亦即它们是现实地与对象相关的，还是纯然的思想物，就根本不能确定了。不能成为经验对象的东西，其知识就会是超 〔296〕
自然的，而我们在这里所探讨的，根本不是诸如此类的知识，而是虽然先天地可能并且先行于一切经验、但其实在性却能够通过经验来证实的自然知识。

第 17 节

因此，在这种较狭的意义上，自然的**形式的东西**，就是经验的一切对象的合规律性，而就其被先天地认识而言，则是经验的一切对象的**必然的**合规律性。但是，刚刚阐明过的是：如果不是把对象与可能经验相关，而是把它们作为物自身来考察，那么，就永远不能根据对象来先天地认识自然的规律。但是，我们在这里所谈的也不是物自身（这些物自身的属性我们暂且搁置不谈），而仅仅是作为一种可能经验的对象的事物，这些事物的总和真正说来就是我们在这里所说的自然。现在我要问，如果所说的是一种先天的自然知识的可能性，那么，这样提出问题是否要更好一些，即：如何可能先天地认识作为经验对象的**事物**的必然合规律性？或者：如何可能就经验的一切一般对象而言来先天地认识**经验**本身的必然合规律性？

严格看来，无论问题以这种或者那种方式提出来，其解决就纯粹的自然知识（自然知识真正说来构成了问题的关键）而言，结果是完全一样的。因为关于事物的一种经验知识惟有在主观的规律之下才是可能的，而主观的规律对于这些作为可能经验之对象的事物（当然不是对于作为物自身的事物，但在这里也不考虑这样的事物）也是有效的。我是说：如果一个事件被知觉，它在任何时候都与某种先行的、它按照一个普遍的规则继之而起的东西相关，没有这一规律，一个知觉判断就永远不能被视为经验；还是说：一切东西，凡是经验说明它是发生的，就都必须有一个原因；这两种说法是一回事。

〔297〕然而，选择前一种公式，毕竟要更合适一些。因为既然我们完全能够先天地、先于一切被给予的对象所具有的，是对关于这些对象的一种经验惟有在其下才可能的那些条件的一种知识，而绝不是对这些对象不与可能的经验相关就自身而言可能服从什么规律的知识，所以，我们将只能这样来先天地研究事物的本性，即我们研究这样一种知识作为经验（仅仅就形式来说）惟有在其下才有可能的种种条件和普遍的（尽管是主观的）规律，并且据此来规定作为经验对象的事物的可能性。因为如果我选择第二种表达方式，并且寻找使得作为经验**对象**的自然成为可能的那些先天条件，那么，我就很容易会陷入误解，会自以为我说的自然是一个物自身，而这样一来，我就会徒劳地在无休无止的麻烦中兜圈子，给什么也没有被给予我的事物寻找规律。

因此，我们在这里将仅仅讨论经验及其可能性的普遍的、先天地被给予的条件，并由此出发把自然规定为一切可能经验的整个对象。我想，人们将理解我：我在这里所理解的不是**考察**一个被给予的、已经以经验为前提条件的自然的种种规则；因而不是我们如何能够从自然学到种种规律，因为在这种情况下，这些规律就不会是先天规律，就不会提供纯粹的自然科学；而是经验的可能性的先天条件如何同时是一切普遍的自然规律必须由以产生的源泉。

第 18 节

因此，我们必须首先说明：尽管一切经验判断都是经验性的，也就是说，它们都在感官的直接知觉中有其根据，但不能反过来说，一切经验性的判断都因此而是经验判断，而是在经验性的东西之上，而且一般而言在被给予感性直观的东西之上，还必须加上一些特殊的概念，这些概念完全是先天地来源于纯粹知性，任何知觉都首先被归摄在这些概念之下，然后才能够借助这些概念转变成经验。

经验性的判断，如果具有客观的有效性，就都是**经验判断**。但是，仅仅在主观上有效的经验性判断，我称之为纯然的**知觉判断**。后者不需要任何纯粹的知性概念，而是只需要在一个能思维的主体里面对知觉的逻辑联结。但前者却在任何时候都在感性直观的表象之外，还要求有特殊的、**原初在知性中产生的概念**，正是这些概念，才使得经验判断是**客观有效的**。 〔298〕

我们的一切判断都首先是纯然的知觉判断：它们仅仅对我们、亦即对我们的主体有效，而只是在这之后，我们才给予它们一种新的关系，亦即与一个客体的关系，并且希望这也对我们来说在任何时候都有效，并且同样对每一个人都有效；因为如果一个判断与一个对象一致，那么，关于这同一个对象的所有判断也必须彼此一致，这样，经验判断的客观有效性所指的就不是别的，而是经验判断的必然的普遍有效性。但反过来，如果我们找到理由把一个判断视为必然普遍有效的（这依据的不是知觉，而是纯粹的知性概念，知觉被归摄在这纯粹知性概念之下），那么，我们也必须把这视为客观的，也就是说，这表述的不仅仅是知觉与一个主体的关系，而是对象的一种性状；因为没有理由说明别人的判断必须与我的判断必然一致，除非它们都与同一个对象相关，都与该对象一致，因而彼此之间也都必须一致。

第 19 节

因此，客观的有效性和（对每一个人的）必然的普遍有效性是可以互换的概念，而且尽管我们不认识客体自身，但是，如果我们把一个判断视为普遍有效的，从而视为必然的，那么，毕竟也正是这一点被理解为客观的有效性。由于这个判断，我们就通过被给予的诸知觉的普遍有效的和必然的联结认识了客体（虽然它就自身而言会是什么样子，也依然是未知的）；而且既然感官的一切对象都是这种情况，所以经验判断
〔299〕将不是从对象的直接知识中（因为这种知识是不可能的），而是仅仅从经验性判断的普遍有效性的条件中获取其客观有效性的；这种普遍有效性，如已经说过的那样，所依据的绝不是经验性的、甚至一般说来感性的条件，而是一个纯粹的知性概念。客体就自身而言永远是未知的；但如果通过知性概念，关于客体被给予我们感性的诸表象的联结被规定为普遍有效的，那么，对象就通过这种关系而被规定，判断也就是客观的。

我们要阐明这一点：房间暖，糖甜，苦艾苦①，这些都是仅仅主观上有效的判断。我根本不要求，我在任何时候或者任

① 我乐于承认，这些实例并不表示如果也加上一个知性概念，随时就会变成经验判断的那些知觉判断，因为它们仅仅与每个人都视之为主观的，因而绝不可以归之于客体的感觉相关，所以也绝不能成为客观的；我只是想为仅仅主观有效的、自身中不包含必然的普遍有效性的任何根据、由此不包含与客体的一种关系的任何根据的判断提供一个实例。通过附加上知性概念就变成经验判断的知觉判断，其实例参见下一个注。

何别的人都应当同我一样如此认为；它们仅仅表示两个感觉与同一个主体亦即我自己的一种关系，而且也仅仅是在我此时的知觉状态中的一种关系，因而也不应当对客体有效；诸如此类的判断我称为知觉判断。经验判断则完全是另一种情况。经验在某些情况下告知我的东西，它也必须在任何时候都告知我和任何别的人，它的有效性并不局限于主体或者主体当时的状态。因此，我把所有诸如此类的判断都说成是客观有效的；例如，倘若我说空气是有弹性的，那么，这个判断最初只是一个知觉判断，我只是使两个感觉在我的感官中彼此发生关系罢了。如果我想让它叫做经验判断，那么，我就要求这种联结服从一个使它普遍有效的条件。因此，我希望我在任何时候、也希望任何人在同样的情况下都必须把同样的知觉必然地联结起来。

第 20 节 〔300〕

因此，我们必须对一般的经验进行分析，以便看一看在感官和知性的这个产物中包含着什么，亦即经验判断本身是如何可能的。作为基础的是我所意识到的直观，亦即仅仅属于感官的知觉（perceptio）。但是其次也需要作出判断（这仅仅属于知性）。这种判断可能有两种：第一，我仅仅对各个知觉进行比较，并且在对我的状态的一个意识中把它们联结起来；或者第二，我把它们在一个一般意识中联结起来。前一种判断仅仅是一个知觉判断，就此而言只具有主观的有效性，仅仅是诸知觉在我的心灵状态中的联结，与对象没有关系。因此，对诸知觉进行比较，并在一个意识中通过作出判断而把它们联结起来，这并不像人们通常想象的那样，对于经验来说就足够了；由此产生不出判断的普遍有效性和必然性，而只是因为普遍有效性和必然性，判断才能够是客观有效的，才能够是经验。

因此，在知觉能够成为经验之前，还有一种完全不同的判断先行。被给予的直观必须归摄在一个概念之下，这个概念规定着一般就直观而言作出判断的形式，把直观的经验性意识联结在一个一般意识之中，并由此使经验性的判断获得普遍有效性；这样的概念是一个先天的纯粹知性判断，它所做的事情仅仅是给一个直观规定它能够用来作出判断的一般方式。如果这样一个概念是原因概念，那么，它就在一般作出判断方面规定归摄在它下面的直观，例如空气的直观，也就是说，空气就扩张而言的概念是用在一个假言判断中前件与后件的关系之中的。因此，原因概念是一个纯粹知性概念，它与一切可能的知觉都完全不同，只用来在一般作出判断方面规定包含在它下面的表象，从而使一个普遍有效的判断成为可能。

现在，在一个知觉判断能够成为经验的判断之前，首先要求知觉被归摄在这样的知性概念之下；例如空气归属在原因概
〔301〕念之下，原因把就广延而言关于空气的判断规定为假言的。①由此，这种广延不是被表象为仅仅属于在我的状态中，或者在我的多种状态中，或者在别人的知觉的状态中，我对空气的知觉，而是被表象为**必然地**属于这种知觉；“空气是弹性的”这一判断变成普遍有效的，并成为经验判断，首先是由于某些判断先行，这些判断把对空气的直观归摄在因和果的概念之下，从而不仅在我的主体中彼此参照地规定这些知觉，而且还就一般作出判断的形式（这里是假言形式）而言规定它们，并且以这样的方式使经验性判断成为普遍有效的。

如果人们对自己的所有综合判断，就它们客观有效而言，都进行分析，那么就将发现，它们绝不是纯然由像人们通常认

① 为了更容易弄明白，可以采用如下的例子：当太阳晒石头时，石头变热。这个判断是一个纯然的知觉判断，不包含任何必然性，尽管我如此经常地、别人也如此经常地知觉到这一点；这些知觉只不过通常就如此结合罢了。但如果我说：**太阳把石头晒热了**，那么，在知觉之上就还加上了把热的概念与阳光的概念必然地联结起来的原因这一知性概念，而综合判断就会变成必然普遍有效的，从而是客观的，就由知觉转变成经验。

为的那样仅仅通过比较而在一个判断中联结起来的那些直观构成的；相反，如果不在从直观抽象出的概念之上再附加一个纯粹知性概念，那些概念被归摄在它下面，并由此才在一个客观有效的判断中联结起来，那么，上述综合判断就会是不可能的。甚至数学在其最单纯的公理中的判断，也不是这一条件的例外。“直线是两点之间的最短的线”，这一原理是以线被归摄在量的概念之下为前提条件的，而量的概念无疑不是纯然的直观，而是仅仅在知性中才有其位置，用于就从（线的）直观出发作出的判断而言，在判断的量的方面，亦即在复多性（作为iudicia plurativa［复称判断］①）方面，对直观作出规定，因 〔302〕
为这些判断被理解为，在一个被给予的直观中包含着许多同类的东西。

第 21 节 a

因此，为了就经验依据先天的纯粹知性概念而言说明经验的可能性，我们必须首先用一个完备的图表展示出属于一般判断的东西和判断中知性的不同要素；因为就一般直观鉴于判断的这些要素的这一个或者那一个而在其自身，从而必然地和普遍有效地被规定而言，纯粹知性概念无非是一般直观的概念，它们将与这些要素完全精确地对应。由此也将完全精确地规定作为一种客观有效的经验性知识的一切经验之可能性的先天原理。因为这些原理无非是把一切知觉（根据直观的某些普遍条件）归摄在那些纯粹知性概念之下的命题罢了。

① 我更愿意这样来称谓人们在逻辑学中称为particularia［特称判断］的那些判断。因为特称判断这一表述已经包含着它们并非全称的思想。但是，当我（在单称判断中）从单一性开始，并这样向全体性前进时，我还不能掺入与全体性的任何关系：我所想的只是没有全体性的复多性，而不是全体性的例外。如果应当给纯粹知性概念加上逻辑要素的话，这一点就是必要的；在逻辑应用中，人们可以一切照旧。

逻辑的判断表

1.

按照量

全称的
特称的
单称的

2.

按照质

肯定的
否定的
无限的

3.

按照关系

定言的
假言的
选言的

4.

按照模态

或然的
实然的
必然的

先验的知性概念表

1.

按照量

单一性（度）
复多性（量）
全体性（全）

2.

按照质

实在性
否定性
限定性

3.

按照关系

实体
原因
共联性

〔303〕 4.

按照模态

可能性
存在
必然性

纯粹自然学的自然科学普遍原则表

1.
直观的**公理**

2.
知觉的**预先推定**

3.
经验的**类比**

4
一般经验性思维的**公设**

第 21 节 b

〔304〕

为了用一个概念来概括上面的一切，首先就有必要提请读者们注意：这里所说的不是经验的产生，而是经验所包含的东西。前者属于经验性的心理学，后者属于知识的批判、尤其是知性的批判，即便是在这里，前者没有后者也不能得到恰如其分的阐发。

经验由直观和判断构成，直观属于感性，而判断则仅仅是知性的事情。但是，知性仅仅用感性直观作出的那些判断，还远远不是经验判断。因为在前一种场合，判断只是把知觉按照它们在感性直观中被给予的样子联结起来；但在后一种场合里，判断就应当说出一般经验所包含的东西，从而不只是其有效性纯为主观的知觉所包含的东西。因此，经验判断必须在感性直观及其在一个判断中的联结（在它由于比较而成为普遍的之后）之上再附加某种东西，把综合判断规定为必然的，从而规定为普遍有效的；而这种东西不可能是别的，只能是这样的概念，它就判断的一种形式，而不是另一种形式而言把直观表现为在自身被规定了的，也就是说，是直观的那种综合统一性的概念，这种统一性惟有通过判断的一种被给予的逻辑功能才能被表现出来。

第 22 节

对此的总结如下：感官的任务是直观，而知性的任务则是思维。但思维就是把表象在一个意识中结合起来。这种结合要么是纯然与主体相关产生的，是偶然的和主观的，要么是绝对成立的，是必然的或者客观的。表象在一个意识中的结合就是判断。因此，思维就等于作出判断，或者一般地使表象与判断发生关系。所以，判断要么是纯然主观的，如果表象仅仅与一个主体中的意识相关，并在该意识中结合起来的话；要么是客观的，如果表象在一个一般意识中结合起来，亦即在其中必然
〔305〕地结合起来的话。一切判断的逻辑要素就等于把表象结合在一个意识之中的那些可能方式。但如果正好这些方式用做概念，那么，它们就是这些表象在一个意识中的**必然**结合的概念，从而就是客观有效的判断的原则。在一个意识中的这种结合要么是分析的，是由于同一性的，要么是综合的，是由于不同的表象的相加和相互补充。经验就在于显象（知觉）在一个意识中的综合联结，这是就这种联结是必然的而言的。因此，纯粹知性概念就是一切知觉在能够用于经验判断之前必须事先被归摄于其下的知性概念；在这种经验判断中，知觉的综合统一被表象为必然的和普遍有效的。①

第 23 节

判断，就其仅仅被视为被给予的表象在一个意识中的结合的条件而言，就是规则。这些规则，就其把结合表现为必然的

① 但是，“经验判断应当在知觉的综合中包含必然性”这一命题，如何与我上面以各种各样的方式再三提醒的“经验作为后天知识只能提供偶然的判断”那个命题一致呢？当我说经验告诉我某种东西的时候，我所指的在任何时候都只是经验中所包含的知觉，例如热在任何时候都跟随在石头被太阳晒之后，因而经验命题就此而言永远是偶然的。至于这种变热必然地产生自被太阳晒，这虽然包含在经验判断中（借助原因的概念），但却不是我通过经验得知的，而是相反，经验首先是通过（原因的）知性概念这样加在知觉上而产生的。至于知觉如何获得这种附加，必须查阅《批判》关于先验判断力的一章，137页以下。

而言，就是先天规则，而就在它们上面没有它们由之派生的规则而言，它们就是原理。既然就一切经验的可能性而言，如果根据这种可能性仅仅考察思维的形式，那么，在按照其直观的不同形式把显象置于纯粹知性概念之下，使经验性判断成为客观有效的那些条件上面，经验判断就没有什么条件了，所以这 〔306〕
些条件就是可能经验的先天原理。

如今，可能经验的原理同时就是自然能够被先天地认识的普遍规律。而这样一来，我们所面临的第二个问题，亦即“**纯粹自然科学是如何可能的**?”其中所包含的课题就解决了。一门科学的形式所要求的体系性的东西，在这里全部都可以找到，因为除了上面所说的一切一般判断的形式条件，从而逻辑学所提供的一切一般规则的形式条件之外，再也没有什么条件是可能的了；这些条件就构成了一个逻辑的体系；而建立在它们上面的、包含着一切综合的和必然的判断的先天条件的概念，正由于此而构成了一个先验的体系；最后，把一切显象归摄在这些概念之下所凭借的原理，则构成了一个自然学的体系，亦即自然体系。这个体系先行于一切经验性的自然知识，首先使这些知识成为可能，因而能够被称为真正的、普遍的和纯粹的自然科学。

第 24 节

那些自然学原理中的第一个①，把作为空间和时间中的直观的一切显象归摄在**量**的概念之下，就此而言是把数学运用于经验的原则。第二个原理并不径直把真正经验性的东西，亦即表示直观的实在的东西的感觉归摄在**量**的概念之下，因为感觉并不是**包含**空间或者时间的直观，尽管它把与它相应的对象置于这二者之中；然而，在实在性（感觉表象）和时间中的零亦

① 如果人们不参见《批判》关于原理所说的话，就很难恰如其分地理解这前后相继的三节；不过，这三节有助于更容易综览《批判》的普遍的东西，并注意其要点。

即直观的完全空无之间，却存在着一个具有量的区别，因为在每一个被给予的度的光和暗之间、在每个度的热和完全的冷之间、在每个度的重和绝对的轻之间、在每个度的空间充满和完
〔307〕全空的空间之间，总还是能够设想出更小的度来，就像在一种意识和完全的无意识（心理学的幽暗）之间，也总是还有更小的度一样。因此，不可能有任何知觉来证明绝对的阙如，例如没有任何心理学的幽暗不能被视为一种意识，它只不过是被其他更强的意识胜过了而已，在感觉的一切场合都是如此。因此，知性甚至能够凭借“一切经验性的表象，从而一切显象的实在的东西全都有度”这一原理，来预先推定构成经验性表象（显象）的真正的质的感觉，而这就是数学（mathesis intensorum［强度的数学］）在自然科学上的第二种应用。

第 25 节

就诸显象的关系而言，而且仅仅就显象的存在来说，对这种关系的规定不是数学的，而是力学的；而且如果它不服从首先使关于显象的经验知识成为可能的那些先天原则，它就永远不能是客观有效的，从而不能适用于经验。因此，显象必须被归摄在作为事物本身的概念而是存在的所有规定之根据的实体概念之下；或者其次，就在显象中间发现一个时间序列亦即一个事件而言，归摄在与原因相关的结果概念之下；或者，就应当客观地、亦即通过一个经验判断来认识同时存在而言，归摄在共联性（相互作用）的概念之下；这样，先天原理就是客观有效的、尽管是经验性的判断的根据，也就是说，就经验把对象按照存在在自然中联结起来而言，是经验的可能性的根据。这些原理是真正的自然规律，它们可以叫做力学的。

最后，经验判断也要求对一致和联结的知识：不但是显象彼此之间在经验中的一致和联结，而毋宁说是它们与一般经验的关系，这种关系要么是把它们与知性所认识的形式条件的一
〔308〕致，要么是把与感官和知觉的材料的联系，要么是把二者都结合进一个概念，从而按照普遍的自然规律包含着可能性、现实

性和必然性。这就构成了自然学的方法论（真理与假说的区分和假说的可靠性的界限）。

第 26 节

尽管第三个按照批判的方法**从知性的本性本身**得出的原理表所表现出一种就自身而言的完备性，以这种完备性，它远远超过了以独断论的方式——尽管徒劳地——曾经试制过的、或者将来还可能试制的其他任何表，也就是说，它完备地包含着所有先天综合原理，并且按照一个原则，亦即在知性方面构成经验的本质的一般判断能力，得到了说明，以至于人们可以肯定再也没有诸如此类的原理了（这是独断论的方法永远不能造成的一种满足），但是，这还远远不是它的最大功劳。

人们必须注意揭示这种先天知识的可能性、并且把所有这样的原理同时限制在一个条件之上的证明根据；要想不误解这一条件，并且在使用中不超出知性置于其中的原初意义所具有的东西，就必须永远不忽视这一条件，这就是：仅仅就一般可能经验服从先天规律而言，上述原理才包含着一般可能经验的种种条件。这样我就不说：事物**就自身而言**包含着一个量，它们的实在性包含着一个度，它们的实存包含着种种偶性在一个实体中的联结，等等。没有人能够证明这一点，因为这样一种纯然由概念构成的综合联结，在一方面缺乏与感性直观的任何关系、另一方面缺乏感性直观在一个可能经验中的任何联结的地方，就是绝对不可能的。因此，在这些原理中对概念的根本限制是：一切仅仅**作为经验的对象**的事物，都必然先天地服从上述条件。

第二点，由此也就得出了这些原理的一种特殊独有的证明方式：上述原理也不是径直与显象及其关系相关的，而是与经 〔309〕
验的可能性相关的，在经验中显象仅仅构成了材料，但并不构成形式，也就是说，它们与客观有效和普遍有效的综合命题相关，正是在这些命题中，经验判断与纯然的知觉判断区别开来。之所以如此，乃是因为：作为**占据一部分空间和时间**的纯然直观的显象，服从量的概念，量的概念先天地按照规则把显象的杂多综合地结合起来；就除了直观之外知觉也包含感觉，在感觉与零亦即感觉的完全消失之间任何时候都有一个逐渐减少的过渡而言，显象的实在的东西必须有一个度，也就是说，这是就感官本身**并不占有一部分空间或者时间**而言的[①]，但毕竟从空的时间或者空间到感觉的过渡惟有在时间中才是可能的。因此，尽管作为经验性直观的质的感觉就它与其他感觉的特殊区别之处而言永远不能先天地被认识，却仍然能够在一个可能的一般经验中作为知觉的量，在强度上与任何别的同类知觉区别开来；由此出发，就自然被给予我们所凭借的感性直观而言，数学应用于自然就首先成为可能，并得到规定。

但是，读者必须最为注意在经验的类比这一名称下出现的那些原理的证明方式。因为既然这些原理不像数学运用于一般自然科学的原理那样涉及直观的产生，而是涉及直观的存在在
〔310〕一个经验中的联结，但这种联结只能是在时间中按照必然的规律对实存的规定，惟有在这些规律之下它才是客观有效的，从而是经验，所以，证明所关涉的并不是**物自身**的联结中的综合统一性，而是知觉的联结中的综合统一性，而且这也不是就知觉的内容而言的，而是就知觉中的存在按照普遍规律的时间规定和关系而言的。因此，如果相对时间中的经验性规定应当是客观有效的，从而应当是经验，那么，这些普遍的规律就包含着对一般时间中的存在的规定的必然性。这里作为《导论》，

① 热、光等等在小空间中和在一个大空间中（在度上）是一样大的；同样，内部表象，例如疼痛、一般意识，无论它们持续的时间是短还是长，在度上都不变小。因此在这里，量在一个点上和在一个瞬间中与在任何无论多大的空间或者时间中是一样大的。因此，度变大，但不是在直观中，而是在纯然的感觉上，或者也在一个直观的根据的大小上，并且只能通过从1到0的关系，也就是通过感觉的每一个都能够经由无穷的中间度一直达到消失，或者从零经由无穷的增长环节一直达到在某一个时间的一个确定的感觉，才被看做是量（quantitas qualitatis est gradus［质的量就是度］）。

我不能谈更多的东西。我只是劝告长期习惯于把经验视为知觉的一种纯然经验性的组合，因而根本想不到经验远远超出知觉所达到的，亦即给予经验性的判断以普遍有效性，并为此而需要一种先天地先行的纯粹知性统一性的读者：要注意经验与纯然的知觉集合体的区别，并从这一视角出发来评价证明的方式。

第 27 节

这里正是从根本上消除**休谟**的怀疑的地方。休谟有理由断言：我们通过理性以任何方式都看不出因果性的可能性，亦即一个事物的存在与通过它而被必然设定的任何一个其他某物的关系的可能性。我还补充说：我们同样不能从若干事物的存在以一个主体为根据，该主体本身不能是任何别的事物的谓词这一点，来看出自存性的概念，亦即必然性的概念；我们甚至对这样一个事物的可能性也不能形成概念（虽然我们能够在经验中指出它的应用的实例）；此外，这种不可理解性也涉及事物的共联性，因为根本看不出如何能够从一个事物的状态得出对在它之外的完全不同的事物的状态的继起，反过来也是一样；也看不出每一个都有自己的、分别的实存的各实体应当如何相互依赖，而且是必然地相互依赖。尽管如此，我却远远没有把这些概念视为仅仅从经验得来的，把在它们里面表现出来的必然性视为虚构的，视为一种长期的习惯哄骗我们的纯然幻相。〔311〕毋宁说，我已经充分地指出，它们以及由它们构成的原理都是先天地先于一切经验而确定的，具有其无可置疑的客观正确性，但当然是仅仅就经验而言。

第 28 节

因此，虽然我对物自身的这样一种联结，即它们如何能够作为实体实存，或者作为原因起作用，或者与其他事物（作为一个实在整体的各部分）处于共联性之中，没有丝毫的概念，更不用说能够设想作为显象的显象的诸如此类的属性了（因为那些概念不包含显象中的任何东西，而是只包含惟有知性必须思维的东西），但我们毕竟对表象在我们的知性中，而且是在一般判断中的这样一种联结有一个诸如此类的概念，就是说：表象作为与谓词相关的主体属于一种判断，作为与后果相关的根据属于另一种判断，作为共同构成一个完整的可能知识的各部分属于第三种判断。此外，我们先天地认识到：如果不把一个客体的表象就这些要素的这一个或者那一个而言视为已被规定的，我们就根本不可能有任何有关对象有效的知识；而如果我们所讨论的是对象自身，那么，就不可能有任何标志，让我们能够据此认识，该对象就上述要素的这一个或者那一个而言是已被规定的，也就是说，属于实体或者原因的概念之下，或者（在与其他实体的关系中）属于共联性的概念之下；因为对于存在的这样一种联结的可能性，我没有任何概念。但是，问题也并不是物自身如何被规定，而是事物的经验知识就一般判断的上述要素而言如何被规定，也就是说，事物作为经验的对象如何能够并且应当被归摄在那些知性概念之下。而在这里很清楚，我不仅完全看出把一切显象都归摄在这些概念之下、亦即把这些概念用做经验的可能性的原理的可能性，而且完全看出其必然性。

〔312〕

第 29 节

为了就**休谟**的成问题的概念（他的这个 crux metaphysicorum［形而上学事物的灾难］），**亦即**原因的概念做一个试验，我首先借助逻辑学，被先天地给予了一个有条件的一般判断的形式，也就是说，一个被给予的知识作为根据，另一个知识作为后果。但是，有可能在知觉中发现一个关系的规则，它说明：在某个显象之后，经常有另一个显象继起（虽然不能倒过来）；而这就是我使用假言判断的场合，例如说：当一个物体被太阳晒了足够长的时间时，它就变热。这里当然还没有一种联结的必然性，从而还没有原因的概念。然而，我进一步又说：上述这个仅仅是知觉的主观联结的命题如果应当是一个经验命题，那么，它就必须被视为必然的和普遍有效的。但这样一个命题就会是：太阳由于其阳光而是热的原因。上述那个经验性规则从此被视为规律，而且不是纯然地对显象有效，而是为了一种可能的经验而对显象有效，这种可能的经验需要普遍地、因而必然地有效的规则。因此，我清楚地认识到，原因概念是必然地属于经验的纯然形式的概念，它的可能性是知觉在一般意识中的一种综合联结的可能性。但是，我根本没有看出一个作为原因的一般事物的可能性，而且这是因为：原因概念所指的根本不是属于事物的条件，而是仅仅属于经验的条件，也就是说，经验只能是关于显象及其时间序列的客观有效的知识，这是就先行的显象能够按照假言判断的规则被与继起的显象结合起来而言的。

第 30 节

因此，即便是纯粹知性概念，如果要离开经验的对象而与物自身（noumena［本体］）相关，也根本没有任何意义。它们仿佛只是用来拼写显象，以便能够把显象当做经验来读。从它们与感官世界的关系产生的原理只是用来供我们的知性的经验应用；超出这一点，它们就是没有客观实在性的任意结合， 〔313〕
人们既不能先天地认识它们的可能性，也不能通过某个实例来证实它们与对象的关系，或者仅仅使这种关系变得可以理解，因为一切实例都只是从某个可能的经验借来的，从而除了在一个可能的经验中，也不能在任何别的地方发现那些概念的对象。

因此，对**休谟**的问题的这种全面解决虽然违背了问题提出者的猜想，但却挽救了纯粹知性概念的先天起源，并且挽救了普遍的自然规律作为知性的规律的有效性。不过，这种解决把它们的应用仅仅限制在经验上，因为它们的可能性仅仅在知性与经验的关系中才有其根据。但并不是说它们派生自经验，而是说经验派生自它们；这种完全颠倒过来的联结方式，是**休谟**

从未想到过的。

由此得出迄今为止的所有研究的结论："一切先天综合原理都无非是可能经验的原则"，并且永远不能与物自身相关，而是只能与作为经验的对象的显象相关。因此，无论是纯粹数学还是纯粹自然科学，都绝不能关涉纯然显象之外的某种东西，都仅仅表现或者使一般经验成为可能的东西，或者由于从这些原则派生而在任何时候都必须能够在某种可能的经验中被表现的东西。

第 31 节

这样，人们就终于有了某种确定的东西，而且人们在一切形而上学研究中都可以求助于这种东西；形而上学研究迄今为止都是足够大胆的，但在任何时候都是盲目地对一切不加区别地进行的。独断论的思想家们从来没有想过，他们的努力的目标本就应当规定得这样低；甚至另一些人也没有想过，这些人依仗自以为的健康理性，凭借纯粹理性的一些虽然合法的和自然而然的、但却被规定仅仅作经验应用的概念和原理，居然企图获得他们连其确定的界限也不知道的洞识，他们也不可能知
〔314〕道这样的界限，因为对于这样一种纯粹知性的本性乃至其可能性，他们要么是从来没有反思过，要么是没有能力反思。

有些纯粹理性的自然主义者（我所理解的是相信不用任何科学就可以在形而上学的事情上作出决定的人）要借口说，他凭借自己的健康理性的先见之明，早就已经不仅猜测到，而且也知道和看出了这里经过如此之多的准备或者——如果他愿意说的话——以烦琐的学究派头讲述的东西，即"我们即便以自己的全部理性也不能超出经验的领域"。然而，在人们一步步地追问他的理性原则时，他就不得不承认，在这些理性原则中有许多不是他汲取自经验的，因而是不依赖于经验的、先天有效的。既然如此，由于这些概念和原理是不依赖于经验而被认识的，他要如何以及用什么根据来限制在一切可能的经验之外使用这些概念和原理的独断论者和他自己呢？甚至他这个健康

理性的大师，无论他具有什么自以为的、廉价获得的智慧，也不能避免不知不觉地超出经验的对象而陷入幻觉的领域。通常，他也已经足够深地陷入其中了，尽管他用通俗的语言给他的毫无根据的要求加上一些粉饰，把一切都仅仅说成是或然性，说成是合理的猜测或者类比。

第 32 节

从哲学的最古老的年代开始，纯粹理性的研究者们就已经在构成感官世界的感官存在物或者显象（phaenomena［现象］）之外还设想出应当构成一个知性世界的特别的知性存在物（noumena［本体］），而且由于他们把显象与幻相视为一回事（这对于一个尚未发达的时代来说是大可以原谅的），于是就只承认知性存在物有现实性。

事实上，当我们合理地把感官的对象视为纯然的显象的时候，我们由此也就同时承认了，这些显象是以一个物自身为基础的，尽管我们不知道该事物就自身而言是什么性状，而是只知道它的显象，也就是说，只知道我们的感官被这个未知的某 〔315〕物所刺激的方式。因此，恰恰由于知性承认显象，它也就承认了物自身的存在，而且这样一来我们就可以说：这些作为显象的基础的存在物，从而纯然的知性存在物，其表象就不仅是允许的，而且还是不可避免的。

我们的批判的演绎也绝不排斥诸如此类的事物（noumena［本体］），而毋宁说是限制感性论的原理，使它们不致扩展到一切事物上，那样的话就会把一切都转变成纯然的显象，而是它们应当仅仅对可能的经验的对象有效。因此，知性存在物由此被承认，只是要强调这个根本不容许有任何例外的规则，即关于这些纯粹的知性存在物，我们根本不知道，也不可能知道任何确定的东西，因为无论是我们的纯粹知性概念，还是我们的纯粹直观，都仅仅关涉可能经验的对象，从而仅仅关涉感性存在物，而且一旦脱离这些感性存在物，那些概念就不再剩有丝毫的意义。

第 33 节

事实上，对于我们的纯粹知性概念而言，在诱人去做一种超验的应用方面有某种难以对付的东西；因为我所说的超验的应用，乃是超出了一切可能的经验。不仅我们的实体、力量、行动、实在性等概念完全不依赖于经验，此外根本不包含感官的任何显象，因而事实上显得关涉物自身（noumena［本体］），而且更加强了这种猜测的是，它们在自身中包含着经验永远无法比拟的一种规定的必然性。原因概念包含着一条规则，按照这条规则，从一种状态必然得出另一种状态；但是，经验只能够给我们指出，经常、至多是通常，在事物的一种状态之后有另一种状态继起，因而既不能提供严格的普遍性，也不能提供必然性，等等。

因此，知性概念看起来具有多得多的意义和内容，使得纯然的经验应用不能穷尽它们的全部规定。这样，知性就不知不
〔316〕觉地在经验的大厦旁边给自己又建造了一个规模更大得多的附属建筑，在里面装的全是思想存在物，却不曾注意到，它用的这些概念虽然是正确的，但却超出了它们的应用界限。

第 34 节

因此，《批判》第 137 页以下和第 235 页以下所做的两个重要的，甚至是不可缺少的研究，虽然极为枯燥，但却是必要的。第一个研究指出，感官并不具体地提供纯粹知性概念，而是仅仅为应用这些概念提供图型，符合这种图型的对象则仅仅在经验（作为由感性的材料构成的知性产品）中被发现。第二个研究（《批判》第 235 页）指出，尽管我们的纯粹知性概念和原理不依赖于经验，甚至它们的应用范围表面上也更大了，但通过它们却不能在经验的领域之外思维任何东西，因为它们除了就被给予的直观而言规定判断的逻辑形式之外不能做任何事情；但是，既然在感性的领域之外根本没有直观，那些纯粹

概念也就由于不能通过任何手段被具体地表现出来而根本没有意义，因而所有这样的本体连同它们的总和，亦即一个理知的世界①，都无非是一个任务的表象，这个任务的对象就自身而言尽管是可能的，但它的解决按照我们知性的本性却是完全不可能的，因为我们的知性不是直观的能力，而仅仅是把被给予的直观联结在一个经验之中的能力，因而经验必须包含我们的 〔317〕
概念的一切对象，但在经验之外，一切概念都由于不能配上任何直观而变得没有意义。

第 35 节

也许，如果想象力偶尔想入非非，也就是说不谨慎地坚守在经验的限度之内，还是可以原谅的；因为它至少通过这样一种自由的奋发而获得活力和加强，而且控制它的大胆总是要比改正它的萎靡更为容易。但是，应当进行**思维**的知性却不思维而是**想入非非**，这是决不原谅它的。因为要在必要时为想象力的想入非非设置界限，一切帮助都仅仅依据知性。

但是，知性开始这样做也是无辜的和无伤风雅的。它首先澄清自己在一切经验之先就固有的、但尽管如此在经验中必然总是有其应用的那些基本知识。它逐渐去掉这些限制，而且既然知性是完全自由地从自己本身获得它的原理的，所以还有什么应当阻止它这样做呢？如今，首先涉及自然中新想出的力量，此后很快涉及自然之外的存在者，一言以蔽之，涉及世界，对于这个世界的确立，我们不可能缺少建筑材料，因为它

① 不是（如人们通常所说的）**理智的**世界。因为“**理智的**”指的是凭借知性的**知识**，诸如此类的知识也关涉我们的感官世界；而“**理知的**”则指的是对象，是就这样的对象**只能通过知性**来表现、我们的任何感性直观都达不到它们而言的。但是，既然每一个对象都必须有一个可能的直观与它相应，所以人们就必须设想一种直接直观事物的知性；但关于这样一种知性，我们却没有丝毫的概念，从而对它所应当关涉的**知性存在物**也没有丝毫的概念。

是由多产的虚构大量供给的，而且虽然没有被经验所证实，但也从未被经验所否定。这也是一些年轻的思想家如此喜爱真正独断论风格的形而上学，并且经常把他们的时间和可以用于别处的天赋浪费在这上面的缘故。

但是，要通过以各种各样的方式提醒解决隐匿如此之深的问题的困难、抱怨我们的理性的局限、把主张降格为猜测，来克制纯粹理性的那些没有成效的尝试，是不可能有任何助益的。因为如果不清晰地展示那些尝试的**不可能性**，理性的**自我认识**不成为真正的科学，在这门科学中，理性的正确应用的领域将可以说以几何学的确定性与其毫无价值的和没有成效的应用的领域区别开来，那就将永远不能废止那些无用的努力。

〔318〕

第 36 节　自然本身是如何可能的？

这一问题是先验哲学所可能触及的最高点。先验哲学也必须被引导到这个点，把它作为自己的界限和完成。这一问题真正说来包含两个问题。

第一，自然在**质料的**意义上，亦即在直观上，作为显象的总和，是如何可能的？空间、时间和充实二者的东西，亦即感觉的对象，一般来说是如何可能的？答案是：借助我们的感性的性状，根据这种性状，感性以其特有的方式被一些对象所触及，这些对象就自身而言不为感性所知，并且与那些显象完全有别。这个答案在《纯粹理性批判》本身中是在先验感性论中给出的，而在这里的《导论》中则是通过第一个主要问题的解决给出的。

第二，自然在**形式的**意义上，作为一切显象如果在一个经验中应当被设想为联结起来的、就都必须服从的规则的总和，是如何可能的？答案只能这样来作出：它惟有凭借我们的知性的性状才可能，根据这种性状，感性的所有那些表象都必然地与一个意识相关，而且这样一来就首先使我们的思维的特有方式，亦即通过规则来思维的方式成为可能，并借助这种方式使必须完全与对客体自身的认识区别开来的经验成为可能。这个答案在《纯粹理性批判》本身中是在先验逻辑论中给出的，而在这里的《导论》中则是在解决第二个主要问题的进程中给出的。

但是，我们的感性本身的这种特有的属性，或者我们的知性以及作为知性和一切思维的基础的必然统觉的这种特有的属性，是如何可能的，这却不能予以进一步的解决和答复，因为要作出任何回答，要进行任何思维，我们总是又必须拥有它们。

自然的许多规律，我们惟有凭借经验才能知道；但是，显象的联结中的合规律性，亦即一般而言的自然，我们却不能通过任何经验来认识，因为经验本身需要这样的规律，它们先天 〔319〕
地是经验的可能性的基础。

因此，一般经验的可能性同时也就是自然的普遍规律，而经验的原理也就是自然的规律。因为我们无非是把自然认做显象的总和，亦即我们心中的表象的总和，因而只能从我们心中联结表象的原理，亦即从一个意识中构成经验之可能性的那种必然结合的条件得到表象联结的规律。

甚至整个这一章所阐述的主要命题，即普遍的自然规律是能够先天地认识的，自身就已经导致了如下命题，即自然的最高立法必然存在于我们里面，亦即存在于我们的知性里面，而且我们必须不是借助经验从自然中寻找自然的普遍规律，而是反过来，根据自然的普遍合规律性仅仅从经验的可能性的那些存在于我们的感性和知性里面的条件中寻找自然。因为否则的话，既然这些规律不是分析性知识的规则，而是知识的真正综合性扩展，那么，怎么可能先天地认识这些规律呢？可能经验的原则与自然之可能性的规律之间这样一种必然的一致，只能从以下两个原因出发得以成立：要么这些规律是凭借经验从自然得出的，要么反过来，自然是从一般经验之可能性的规律得出的，而且与一般经验的纯然普遍合规律性完全是一回事。前者是自相矛盾的，因为普遍的自然规律能够并且必须先天地（也就是说，不依赖任何经验）被认识，并且被奠定为知性的一切经验性应用的基础；于是，剩下的就只有后者了。①

〔320〕 但是，我们必须把自然的经验性规律与纯粹的或者普遍的自然规律区别开来，前者任何时候都以特殊的知觉为前提条件，后者则不以特殊的知觉为基础，仅仅包含这些知觉在一个经验中的必然结合的条件；而就这些条件来说，自然和**可能的**经验完全是一回事。而且既然在可能的经验中，合规律性所依据的是显象在一个经验中的必然联结（没有这种必然的联结，我们就根本不能认识感官世界的任何对象），从而所依据的是知性的源始规律，所以，如果我就后者说：**知性不是从自然获取其（先天的）规律，而是给自然规定其规律**，这话最初听起来令人奇怪，但却是千真万确的。

第 37 节

我们要用一个例子来说明这个看起来冒险的命题，这个例子应当指出：我们在感性直观的对象那里所揭示的规律，尤其是在它们被认做必然的时，都被我们自己已经视为知性置于里面的规律，尽管它们通常在所有方面都类似于我们归之于经验的自然规律。

第 38 节

人们在考察圆的属性，看到这个图形通过这些属性把自身中对空间的如此众多的任意规定都立即结合在一个普遍的规则中时，不能不把一种本性赋予这个几何学事物。也就是说，两

① 惟有**克鲁秀斯**知道一条中间道路，也就是说，一个即不会犯错误也不会行骗的精神原初把这些自然规律灌输给了我们。然而，既然经常也混入一些虚假的原理，这位人士自己的体系就提供了这方面的不少例子，所以，由于缺少可靠的标准来把真正的起源与虚假的起源区别开来，这样一种原理的应用就看起来非常糟糕，因为人们永远不能确切知道，真理的精神或者谎言的父亲会给我们灌输过什么东西。

条相交并且同时与圆相交的直线，无论如何随意地画，在任何时候都会分割得如此合乎规则，以至于任何一条直线的两段所构成的矩形都与另一条直线的两段构成的矩形相等。现在问题是："是这条规律存在于圆中，还是它存在于知性中呢?"也就是说，是这个图形不依赖于知性本身就包含着这条规律的根据，还是知性在按照自己的概念（亦即半径相等）作出了图形本身的时候，同时把各弦以几何学比例相交的规律置入这个图形之中呢？人们在对这条规律作出证明的时候，就会马上发现，它只能从知性当做这个图形的作图基础的条件中，亦即从 〔321〕
半径相等中得出。如果我们把这一概念加以扩展，继续探究几何学图形的各种各样的属性在共同的规律之下的统一性，并且把圆视为一种圆锥曲线，因而这种圆锥曲线也与其他圆锥曲线服从同样的作图基本条件，那么，我们就会发现，所有在圆锥曲线——椭圆、抛物线、双曲线——内部相交的弦在任何时候都是如此，即由它们的两个部分构成的矩形虽然不相等，但彼此之间却总是处于相同的比例关系之中。如果我们由此再继续前进，亦即前进到物理天文学的基本学说，那么，就会表现出一条遍布整个物质自然的物理学规律，即交互引力规律。交互引力的规则是：引力与距离的平方成反比，从任何一个引力点随引力波及到的球面积的增加而减小。这看起来是必然地存在于事物本身的本性中，因而通常也被表述为可以先天地认识的。现在，无论这一规律的来源由于仅仅依据不同半径的球面积的比例关系而多么单纯，但它们的结果，就其多种多样的协调一致及其合规则性而言，毕竟是如此杰出，不仅各天体的所有可能的轨道都是圆锥曲线，而且还产生出这些轨道彼此之间的这样一种比例关系，以至于除了与距离的平方成反比这一引力规律之外，不可能设想出任何别的引力规律适合于一个宇宙体系。

因此，这就是自然，它所依据的是知性先天地认识的、尤其是从规定空间的普遍原则出发认识的规律。现在我问：这些自然规律是存在于空间中，而知性在仅仅力求探究存在于空间中的丰富意义时学到它们呢，还是它们存在于知性中，存在于知性按照自己的概念全都引为目标的那种综合统一性的条件来规定空间的方式中呢？空间是一种如此齐一的东西，而且就所有的特殊属性而言又是如此不确定的东西，人们肯定不会在它里面寻找自然规律的宝藏。与此相反，把空间规定成圆形、圆
〔322〕锥形和球形的是知性，这是就知性包含着构想这些图形的统一性的根据而言的。因此，直观的这种叫做空间的纯然普遍形式，就是一切可以根据特殊客体来规定的直观的基底，在这个基底中当然存在着这些直观的可能性和多样性的条件。但是，客体的统一性毕竟是仅仅由知性来规定，而且是按照存在于它自己的本性之中的条件来规定的。这样，知性就是自然的普遍秩序的起源，因为它把一切显象都包含在它自己的规律之下，并由此才先天地实现经验（就其形式而言），由于经验，一切应当惟有通过经验才被认识的东西就都必然服从知性的规律。因为我们与之打交道的不是既不依赖我们感性的条件也不依赖知性的条件的**物自身**的自然，而是作为可能经验的对象的自然；在这种情况下，知性在使经验成为可能的同时，就使得感官世界要么根本不是经验的对象，要么就是一个自然。

第 39 节　纯粹自然科学附录：论范畴的体系

对于一个哲学家来说，最理想的莫过于他能够把事先通过具体的应用分散地描述过的各个概念和原理的杂多从一个原则中先天地推导出来，并以这样的方式把一切都结合在一种知识中。过去他只是相信，经过某种抽象剩给他的、看来通过相互比较就构成一种特殊种类的知识的东西，已经搜集齐全了，但这只是一个**集合体**；现在他知道，恰好是这么多，不多也不少，就能够构成知识的方式，并且看到自己的划分的必要性，这是一种把握，而且这时他才有一个**体系**。

从普通的知识中找出一些根本不以特殊的经验为基础、尽管如此却出现在一切经验知识中、仿佛是构成了经验知识的纯
〔323〕然联结形式的概念，这和从一种语言中找出一般词汇的实际应用的规则并这样把种种要素汇集成语法相比，并不以更大的反

思或者更多的洞识为前提条件（事实上，这两种研究是十分相近的），但却不能说明为什么每一种语言恰恰具有这一种形式上的性状而不是另一种形式上的性状的根据，更不能说明恰好能够找出每一种语言的这么多这样的形式上的规定、不再多也不再少的根据。

亚里士多德以范畴为名，搜集了10个这样的纯粹基础概念。①这些范畴也被称为陈述词，他后来认为有必要再附加上5个后陈述词②，它们部分地已经包含在前者之中了（例如Prius［在先］，Simul［同时］，Motus［运动］）。然而，这种随想更多地可以被视为对未来的研究者的一种提示，不能被视为一种合规则地阐述的思想，不值得赞扬。因此，它们也在对哲学作出更多澄清时被当做完全无用的而遭到抛弃。

在对人类知识的纯粹的（不包含任何经验性的东西的）要素进行研究时，我经过长时间的反复思索，才得以把感性的纯粹基础概念（空间和时间）可靠地与知性的纯粹基础概念区别开来并分别出来。这样一来，第7个、第8个、第9个范畴就被从那个表中排除了。其他的范畴对我也没有什么用处，因为手头没有什么原则，可以根据它对知性进行全面的衡量，对知性的纯粹概念由以产生的一切功能进行全面的和精确的规定。

但是，为了找出这样一个原则，我曾经寻找一种知性的行动，把表象的杂多置于一般思维的统一性之下。这一行动包含着其余一切行动，并且惟有通过不同的变态或者要素才有区别。这时我发现，这种知性的行动就在于判断。在这里，已经有逻辑学家们的现成的、虽然还不是完全没有缺陷的工作展现在我面前。借助于这种工作，我就能够列出一个完备的纯粹知性功能表，但这些纯粹知性功能就一切客体而言还是未被规定

① 1. Substantia［实体］。2. Qualitas［性质］。3. Quantitas［数量］。4. Relatio［关系］。5. Actio［行动］。6. Passio［承受］。7. Quando［何时］。8. Ubi［何地］。9. Situs［状态］。10. Habitus［属有］。

② Oppositum［对立］，Prius［在先］，Simul［同时］，Motus［运动］，Habere［拥有］。

〔324〕的。最后，我把这些判断功能与一般的客体联系起来，或者毋宁说与把判断规定为客观有效的条件联系起来，这就产生出纯粹知性概念。对它们来说我能够毫不怀疑，恰恰就是这些，而且不多也不少恰好就是这么多纯粹知性概念，就能够构成我们仅仅从知性出发对事物的全部知识。我觉得按照它们的旧名称把它们称为**范畴**是适当的。在这方面我保留权利，一旦应当建立一个先验哲学的体系，就把所有能够从这些范畴得出的概念通过**陈述词**这个称谓补充上去，无论它们是通过彼此之间的联结，还是通过与显象的纯形式（空间和时间）的联结，还是通过就显象的质料尚未被经验性地规定而言（一般感觉的对象）与这种质料的联结得出的；而现在，为了先验哲学，我只是从事对理性本身的批判。

但是，在这个范畴体系中，使得它有别于那种毫无原则地进行的旧随想，以及惟有它才理应被列为哲学的实质，就在于借助它，纯粹知性概念的真正意义及其应用的条件就能够得到精确的规定。因为这里表现出，纯粹知性概念本身无非是一些逻辑功能，但作为这样的功能却不构成关于一个客体自身的丝毫概念，而是需要感性直观来作为基础。而在这种情况下，它们就只用来对否则的话在所有判断功能方面都未被规定和无可无不可的经验性判断在功能方面作出规定，由此赋予它们普遍有效性，并借助这种普遍有效性使得一般**经验判断**成为可能。

对范畴本性的这样一种洞识同时把范畴限制在纯然的经验应用上，关于它，无论是范畴的初创者，还是这位初创者的任何一位追随者，都不曾想到过。但是，如果没有这种洞识（它恰好依赖于对范畴的引申或者演绎），范畴就完全没有用处，就是一个贫乏的名单，没有对其应用的说明和规则。如果古人们当时也曾想到过诸如此类的东西，那么毫无疑问，以形而上学的名义历经许多个世纪耗尽了如此之多聪明大脑的这整个纯粹理性知识研究，到我们手中就会是完全不同的样子，就会使人们的知性
〔325〕得到启蒙，而不会像实际上所发生的那样，在晦暗不清和徒劳无益的苦思冥想中耗尽知性，使它无法用于真正的科学。

这个范畴体系如今使得对纯粹理性本身的每一个对象的所

有探讨都又成为系统的，并且提供了可靠的指南或者导线，即任何形而上学的考察如果应当成为完备的，就必须如何以及通过什么研究要点来进行；因为它穷尽了知性的所有要素，其他任何概念都必须被置于这些要素之下。原理表也是这样产生的，人们惟有通过范畴体系才能确知它的完备性；甚至在超出自然学的知性应用的那些概念的分类上（《批判》第 344 页，此外第 415 页［B443］），也总是有这样一个导线，这个导线由于总是必须通过固定的、在人的知性中先天地规定了的点，所以在任何时候都构成一个封闭的圆。这个圆使人毫不怀疑，一个纯粹知性概念或者纯粹理性概念的对象，就其必须在哲学上并且按照原理先天地予以衡量而言，能够以这样的方式来被完全地认识。我甚至不能不在一种最抽象的本体论分类上，亦即在某物和无的概念的种种区分上，利用这种指导，并据此完成了一个合规则的、必然的表（《批判》，第 292 页）。①

正是这个体系，与任何建立在一个普遍原则之上的真正体系一样，也在这一点上表现出它的无比优越的用处，即它排除了否则的话可能混入那些纯粹的知性概念之间的一切异类概 〔326〕

① 关于上述范畴表，可以作出各种各样的说明，例如：1. 第三个是由第一个和第二个结合成一个概念而产生的；2. 在量和质的范畴中，只有一种从单一到全体的前进，或者从某物到无的前进（为此目的，质的范畴必须这样来安排：实在性、限制、完全的否定），没有 correlata［相关物］或者 opposita［对立物］，与此相反，关系和模态的范畴却有这些东西；3. 如同在**逻辑**中定言判断是所有其他判断的基础一样，实体的范畴也是现实事物的一切概念的基础；4. 就像模态在判断中不是一个特殊的谓词一样，模态概念也不给事物增添任何规定；等等。诸如此类的考察都有其重大的用处。此外，如果把相当完备地从任何一种好的本体论（例如鲍姆嘉登的本体论）中得出的一切**可陈述物**一一列举出来，并且把它们分门别类地安置在各个范畴之下，此际千万不要忘记附上对所有这些概念的一种尽可能完备的分析，那么，就将产生出形而上学的一个纯然分析的部分。这个部分根本不包含任何综合命题，可以先行于第二部分（综合的部分），并且由于其确定性和完备性而不仅有用，且由于它里面的系统的东西而还包含着某种美。

念，并且给每一种知识都规定了它的位置。我同样按照范畴的导线以**反思概念**的名义列入一个表中的那些概念，在本体论中未获惠允与合法的权利，就混入了纯粹知性概念，不顾后者是联结的概念，因而是客体的概念，而前者则仅仅是已经被给予的概念的纯然比较的概念，因而具有完全不同的本性和应用。通过我的合乎法则的划分（《批判》，第 260 页），它们就被从这种混淆中排除了。不过，那被分离出来的范畴表，在我们如同马上就要发生的那样，把具有与那些知性概念截然不同的本性和起源（因而也必然具有不同的形式）的先验理性概念的表与那些知性概念分开的时候，其好处就会更加一目了然；然而，这样一种如此必要的分离却从未在任何一个形而上学体系中出现过，因而在这种体系中，那些理性理念与知性概念毫无区别地混在一起，就像是兄弟姐妹共属一个家庭一样，这样的混杂在缺乏一个特殊的范畴体系时也是绝不可能避免的。

〔327〕

第三章　一般形而上学是如何可能的？

第 40 节

纯粹的数学和纯粹的自然科学，**为了它们自己的可靠性**和确定性起见，并不需要像我们迄今对二者所做的这样一种演绎；因为前者所依据的是它自己的自明性，而后者虽然出自知性的纯粹源泉，却依据经验以及经验的普遍验证；因此，它不能完全拒绝或者缺少这后一种证据，因为它无论拥有多少确定性，作为哲学却永远不能与数学媲美。因此，这两门科学需要上述研究，并不是为了它们自身，而是为了另一门科学，亦即形而上学。

形而上学除了与任何时候都在经验中找到其应用的自然概念打交道外，还要与永远不能在任何哪怕是仅仅可能的经验中被给予的纯粹理性概念打交道，从而与其客观实在性（它们不是纯然的幻觉）不能通过任何经验来证实的概念打交道，与其真伪不能通过任何经验来证实或揭露的主张打交道。此外，形而上学的这个部分恰恰是构成形而上学的根本目的的那个部分，其他的一切都只不过是它的手段罢了。这样，这门科学就需要这样一种**为了它自身起见的**演绎。因此，现在给我们提出的第三个问题似乎就涉及形而上学的核心和特点，亦即理性纯然对自身的研究，而且由于理性思考的是它自己的概念，就涉及被认为直接由此产生的对客体的认识，为此不需要经验作中介，也根本不能通过经验来达到。①

不解决这个问题，理性就永远不能使自己满足。理性把纯粹知性限制在经验应用上，而经验应用并不满足理性自己的全 〔328〕
部规定性。任何单个的经验都只是经验领域的全部范围的一个部分，而**所有可能经验的绝对整体**本身并不是一个经验，尽管如此却对理性来说是一个必然的问题，仅仅为了表象这个问题，理性就需要与那些纯粹知性概念完全不同的概念；纯粹知性概念的应用仅仅是内在的，也就是说，是就经验能够被给予而言关涉经验的，而理性概念则是关涉完备性的，也就是说，是关涉整个可能经验的集体统一性的，从而超出了任何被给予的经验，成为**超验的**。

因此，就像知性为了经验而需要范畴一样，理性也在自身中包含着理念的根据。我把理念理解为其对象仍然不能在任何经验中被给予的那些必然概念。就像范畴蕴涵在知性的本性中一样，理念也同样蕴涵在理性的本性中，而且如果说理念带有一种能够轻易地诱惑人的幻相的话，那么，这种幻相就是不可避免的，尽管完全能够防止，使“它不诱骗人”。

既然所有的幻相都在于判断的主观根据被当做客观根据，所以，纯粹理性在其超验的（超越的）应用上的自我认识，将是防止理性在误解自己的规定性，并把仅仅涉及它自己的主体和在所有的内在应用上对主体的指导的东西，以超验的方式与客体自身相关联时所陷入的那些迷乱的惟一预防手段。

① 如果人们能够说，导致一门科学的种种任务通过人类理性的本性而展示给每一个人，因此也在任何时候都不可避免地有关于它的许多尽管有缺陷的尝试，这一点一旦得到澄清，该门科学至少在所有人的理念中就是现实的，那么，人们也必须说，形而上学**在主观上**（而且必然地）是现实的，而这样，人们就有理由问它（**在客观上**）是如何可能的。

第 41 节

把**理念**亦即纯粹理性概念与范畴或者纯粹知性概念区分开来，作为在种类、起源和应用上完全不同的知识，这对于奠立一门应当包含所有这些先天知识的体系的科学来说是一个如此〔329〕重要的部分，以至于如果没有这种分离，形而上学就是绝对不可能的，或者充其量是一种无规则的、马虎的尝试，既不认识所用的材料，也不认识这些材料对这种意图或者那种意图的适用性，就拼凑起空中楼阁。即便《纯粹理性批判》只不过是做到率先展示了这种区分，它也由此而已经为澄清我们的概念和指导形而上学领域里的研究，比要满足纯粹理性的超验问题的所有徒劳无功的努力作出了更多的贡献；人们历来都从事这些努力，但却从未想到自己乃是处在一个与知性领域完全不同的领域，因而把知性概念与理性概念混为一谈，就好像它们是同一类东西似的。

第 42 节

一切纯粹的知性知识都自身具有这一点，即它们的概念都是可以在经验中被给予的，它们的原理都是可以通过经验来证实的；与此相反，超验的理性知识就其**理念**而言既不能在经验中被给予，它们的命题也从来不能通过经验来证实，也不能通过经验来反驳。因此，此际也许混入的错误就不能通过别的任何东西，而只能由理性自己来揭露。但这是很困难的，因为恰恰理性由于自己的理念而自然地成为辩证的，而且这种不可避免的幻相不能由对事物的任何客观的和独断论的研究来限制，而只能由对作为理念的一种源泉的理性本身的主观研究来限制。

第 43 节

在《批判》中，我的最大关注在任何时候都是，我如何才能不仅小心翼翼地区分各类知识，而且把属于它们每一类的所有概念都从其共同源泉推演出来，以便我不仅通过获知它们源自何处而能够可靠地规定它们的应用，而且也有还从未料想到的、但却不可估量的好处，即先天地从而按照原则认识概念的列举、归类和区分方面的完备性。不这样做，在形而上学中就一切都纯粹是随想，人们永远也不知道自己所掌握的东西是否 〔330〕
够了，或者是否以及在什么地方还缺少某种东西。当然，人们也只有在纯粹哲学中才能有这种好处，但这种好处也构成了纯粹哲学的本质。

既然我在知性的所有判断的四种逻辑功能中找到了范畴的起源，所以，在理性推理的三种功能中寻找理念的起源，也就是十分自然的了。因为如果这样一些理性概念（先验的理念）是被给予的，那么，假如人们不想把它们视为生而具有的，就不能在别的任何地方，而只能在理性活动中发现它们；这种理性活动就其仅仅涉及形式而言，就构成理性推理的逻辑因素，但就其把知性判断在这种或者那种先天形式方面表现为被规定的而言，则构成纯粹理性的先验概念。

理性推理在形式上的区别必然使得理性推理被划分为定言的理性推理、假言的理性推理和选言的理性推理。因此，建立在这上面的理性概念就包含：1. 完备的主体的理念（实体性的东西）；2. 完备的条件序列的理念；3. 在可能者的一个完备总和的理念中对一切概念的规定。① 第一个理念是心理学的，第二个理念是宇宙论的，第三个理念是神学的；而既然所有三个理念都为一种辩证法提供了诱因，但每一个都以自己独特的

① 在选言判断中，我们把**所有可能性**都看做是按照某个概念划分了的。对一个一般事物作出全面规定（在一切可能的对立谓词中，某个谓词属于任何一个事物）的本体论原则，同时是一切选言判断的原则，它把一切可能性的总和奠立为根据，在这个总和中，任何一般事物的可能性都被视为规定了的。这被用来对上述命题作出简短的说明：选言的理性推理中的理性活动在形式上与完成所有实在性的一个总和的理念的那种理性活动是一回事，这个理念自身包含着一切相互对立的谓词的肯定的东西。

方式，所以在此之上就建立起纯粹理性整个辩证法的划分，即划分为谬误推理、二论背反和纯粹理性的理想。通过这样的推演，人们就将完全肯定，纯粹理性的一切要求在这里已经完备地得到表现，而且不能缺少任何一个，因为作为所有这些要求的来源，理性能力本身也由此得到了完全的衡量。

〔331〕

第 44 节

在这一考察中，一般来说同样值得注意的是，理性理念不像范畴那样对于知性应用于经验方面来说，还对我们有点用，而是在这方面完全多余的，甚至根本与自然的理性知识的准则相对立，有妨碍，但尽管如此，在另一个尚待规定的方面还是必要的。灵魂究竟是不是一个单纯的实体，这对说明灵魂的显象来说，对我们可能是完全无关紧要的；因为我们不能通过任何可能的经验使一个单纯的存在者的概念成为感性的，从而成为具体可理解的。因此，在对显象的原因的所有期望的洞识方面，这个概念都是完全空洞的，不能用做说明内部经验或者外部经验所提供的东西的原则。同样，关于世界开端或者世界永恒性（aparte ante［向前］）的宇宙论理念，对于由此说明世界本身的任何一个事件来说，也没有什么用处。最后，按照自然哲学的一个正确准则，我们必须放弃对出自一个最高的存在者的意志的自然安排作任何说明，因为这不是自然哲学，而是承认我们山穷水尽了。因此，这些理念具有一种与范畴完全不同的应用规定，通过范畴和建立在范畴之上的原理，经验才是可能的。然而，如果我们的意图仅仅在于自然知识，如同它在经验中能够被给予的那样，那么，我们对知性所作的辛苦的分析，就会是完全多余的；因为理性无论是在数学还是在自然科学中，即便没有这种细腻的演绎，所做的工作也都非常可靠、非常好。因此，我们把对知性的批判与纯粹理性的理念结合起来，是为了一个超出知性的经验应用的意图；关于这一点我们上面说过，它在这方面是完全不可能的，是没有对象或者意义的。但尽管如此，在属于理性的本性的东西和属于知性的本性的东西之间必须协调一致，前者必然有助于后者的完善，不可能使后者混乱。

这个问题的解决如下：纯粹理性在它的理念之下并不以处在经验领域之外的特殊对象为意图，它仅仅要求与经验相联系 〔332〕 的知性应用的完备性。但是，这种完备性只能是原则的完备性，不能是直观和对象的完备性。尽管如此，为了确定地表现前者，理性把它设想为对一个客体的知识，对该客体的知识就那些规则而言注定是完备的，但这个客体仅仅是一个理念，为的是使知性知识尽可能地接近那个理念所表示的完备性。

第 45 节　关于纯粹理性的辩证法的先行说明

我们在上面第 33 节和第 34 节已经指出，范畴不含感性规定的任何混杂的纯粹性，可能诱导理性把范畴的应用完全超出一切经验，扩展到物自身上去，尽管它们由于本身找不到能够具体地为它们提供含义和意义的直观，而作为纯然逻辑的功能虽然能够表象一般的事物，但却不能单独为自己提供关于任何一个事物的确定概念。诸如此类的夸张的客体就是人们称为**本体**或者纯粹的知性存在物（称为思想存在物要更好）的客体，例如被设想为**没有**在时间中的**持久性**的**实体**，或者**不在时间中**起作用的**原因**，等等。因为人们加给它们一些谓词，这些谓词仅仅用来使经验的合规律性成为可能，尽管如此却从它们除去了直观的一切条件，而惟有在这些条件下经验才是可能的，由此，那些概念就又失去了一切意义。

但是，知性自动地、没有外来规律逼迫地越过自己的界限，完全故意地窜进纯然思想存在物的领域，却没有任何危险。不过，如果不能完全满足于对知性规则的总是还有条件的经验应用的理性，要求完成这个条件的链条，知性就被驱使走出自己的领域，以便一方面在一个扩展得如此广大的、根本不是任何经验所能够把握的序列中表现经验的对象，另一方面甚至（为了完成这个序列）完全在这个序列之外寻找**本体**，使它 〔333〕 能够把那个链条连在上面，并由此最终不依赖经验条件，尽管如此仍然使它的行为是完备的。这就是先验的理念。尽管按照我们理性的自然规定的真正的、但却隐秘的目的，这些理念所着眼的不是越界的概念，而仅仅是经验应用的不被限制的扩展，但仍然通过一种不可避免的幻相，而引诱知性去作**超验的**应用。这种应用虽然是骗人的，但却不能通过留在经验的界限之内的决心，而是惟有通过科学的教导才能费力地限制它。

一、心理学的理念（《批判》第 341 页以下）

第 46 节

人们很早就已经发觉，就一切实体而言，真正的主体，亦即在一切偶性（作为谓词）被抽去之后所剩下的东西，从而就是**实体性的东西**本身，对我们来说是不知道的，而且关于我们的洞识的这种局限，人们曾作过各种各样的抱怨。但在这里却要记住，关于人类知性不能认识、亦即不能单独为自己规定事物的实体性的东西，不应当对它有什么要求，而是应当在它要求把作为纯然理念的实体性的东西当做一个被给予的对象来确定地认识这方面对它有所要求。纯粹理性要求，我们应当给一个事物的每一个谓词寻找属于它的主体，而这个主体必然又只是一个谓词，又要为它寻找它的主体，依此类推，以至无穷（或者就我们所达到的而言）。但由此得出，我们不应当把我们所能够达到的任何东西视为一个最终的主体，而实体性的东西本身永远不能被我们的知性思维，无论它深入到什么程度，即便是整个自然都揭示给它也不行，因为我们的知性的特殊本性在于论证地、亦即通过概念、从而也纯粹通过谓词来思维一切，为此必然在任何时候都缺少绝对的主体。所以，我们认识物体所凭借的一切
〔334〕实在的属性都纯粹是偶性，甚至不可入性也是这样，人们总是必须把它表象为一种力量的作用，而为此我们却缺少主体。

如今，看起来好像我们在对我们自己的意识（能思维的主体）中有这种实体性的东西，而且是在一种直接的直观中。因为内感官的一切谓词都与作为主体的自我相关，而这个主体不能进一步被设想为任何别的主体的谓词。因此，这里看起来在

被给予的作为谓词的概念与一个主体的关系中的完备性已经在经验中被给予，这个主体不仅仅是理念，而是对象，亦即是**绝对的主体**本身。因为自我根本不是一个概念①，就我们并不通过任何谓词来进一步认识它而言，它仅仅是内感官的对象的标记；因此，它虽然就自身而言不能是一个别的事物的谓词，但却同样不是一个绝对主体的确定概念，而仅仅像在所有其他场合那样，是内部显象与其未知主体的关系。尽管如此，这个理念（它完全可以用于作为范导性的原则来完全摧毁对我们灵魂的内部显象的一切唯物主义解释）由于一种完全自然的误解而导致了一种虚假的论证，要从对我们能思维的存在者的实体性的东西这种自以为的认识中，就对这种实体性的东西的本性的认识完全落在经验的总和之外而言，来推论出它的本性。

第 47 节

即使这个能思维的自我（灵魂），作为思维的本身不能再被表现为另一个事物的谓词的最终主体，就叫做实体，如果不能证明它具有持久性，作为使得实体概念在经验中能产生结果的东西，那么，这个概念也依然是完全空洞的，没有任何结果的。

但是，持久性决不能从一个作为物自身的实体的概念中得到证明，而是惟有为了经验才能得到证明。这在经验的第一类比中已得到充分的阐明（《批判》，第 182 页）；而且如果人们不愿意顺从这一证明，那就可以自己试一试，看是否能够从一个本身不是作为另一个事物的谓词而实存的主体的概念出发证明，它的存在是绝对持久的，而且它既不能就自身而言也不能由于任何自然原因而生或者灭。诸如此类的先天综合命题 〔335〕

① 如果统觉的表象亦即自我是思维任何东西所凭借的一个概念，那么，它就会也能够被用做其他事物的谓词，或者自身包含着这样的谓词。现在，它不过是一种存在的感觉，没有丝毫的概念，只是一切思维与之相关（relatione accidentis［偶性的关系］）的东西的表象。

永远不能就自身而言得到证明，而是在任何时候都惟有与作为一个可能经验的对象的事物相关才能得到证明。

第 48 节

因此，如果我们要从作为实体的灵魂的概念推论到它的持久性，那么，这对它来说惟有为了可能的经验才能够是有效的，在它作为一个物自身并且超出一切可能经验时就不能有效。如今，我们一切可能经验的主观条件是生命，所以只能推论到活着时灵魂的持久性，因为人的死亡是一切经验的终结。这就涉及作为经验的一个对象的灵魂，除非说明灵魂不是经验的对象，而问题恰恰就在这里。因此，只能阐明人活着时灵魂的持久性（我们大可不必证明这种持久性），但却不能阐明死后灵魂的持久性（这才是我们真正关心的），而且这是出自如下普遍的根据：就实体的概念应当被视为与持久性的概念必然结合在一起而言，它惟有按照可能经验的原理，从而也惟有为了经验才能是实体的概念。①

① 事实上，形而上学家们在任何时候都漫不经心地跳过实体的持久性的原理，不曾尝试对它作出证明，这是很值得注意的。毫无疑问，这是因为他们从这个概念开始的时候，就发现自己根本没有任何证据。普通的知性注意到，如果没有这个前提条件，知觉在一个经验中的结合就是不可能的，于是通过一种公设来弥补这一缺陷；因为它从经验中绝不能得出这个原理，这一方面是因为经验不能追踪种种质料（实体）的所有变化和分解，直到发现材料始终没有减少，另一方面是因为这个原理包含着**必然性**，而必然性在任何时候都是一个先天原则的标志。于是，他们就信心十足地把这个原理运用于作为一个**实体**的灵魂的概念，并推论出人死之后灵魂的必然存续（尤其是因为从意识的不可分性得出的这个实体的单纯性保障了它不致由于分解而消灭）。如果他们发现了这个原理的真正源泉（但这要求作出比他们愿意开始作出的深刻得多的研究），那么，他们就会看出，实体持久性的那个规律只是为了经验才成立的，因而只是就事物应当在经验中被认识并与其他事物相结合而言才能适用于事物，但绝不能无视一切可能的经验而适用于事物，因而也不适用于死后的灵魂。

第 49 节 〔336〕

在我们之外有某种现实的东西不仅与我们的外部知觉相应，而且还必然与之相应，这同样绝不能作为物自身的联结而得到证明，但却可以为了经验而得到证明。这无非是要说：某种东西以经验性的方式，从而作为空间中的显象存在于我们之外，这是人们完全可以证明的。因为除了属于一种可能经验的对象之外，我们并不与别的对象打交道，这正是因为它们不能在任何经验中被给予我们，因而对我们来说就是无。经验性地在我之外的，就是在空间中被直观的东西。而且既然空间连同它所包含的一切显象都属于表象，表象按照经验规律的联结证明了表象的客观真实性，就像内感官的显象的联结证明了我的灵魂（作为内感官的一个对象）的现实性一样，所以，凭借外部经验，我意识到作为空间中的外部显象的物体的现实性，就像凭借内部经验我意识到我的灵魂在时间中的存在一样。我也只能通过构成一种内部状态的诸显象把我的灵魂认识为内感官的一个对象。灵魂的作为这些显象的基础的本质自身，对我来说是不知道的。因此，**笛卡尔的**唯心论仅仅把外部经验与梦区别开来，把作为前者的 〔337〕
真实性的标准的合规律性与后者的无规则性和虚假幻相区别开来。在这二者中，它把空间和时间预设为对象存在的条件，并且仅仅问是否现实地能在空间中发现我们醒着时在空间中放置的外感官的对象，就像内感官的对象亦即灵魂现实地存在于时间中一样，也就是问经验是否带有与想象区别开来的可靠标准。在这里，可以轻而易举地消除怀疑，而且在日常生活中，我们在任何时候也都是这样消除怀疑的，即我们按照经验的普遍规律来检查二者中显象的联结，而且如果外部事物的表象与此完全符合，那么，我们就不能怀疑它们应当构成真实的经验。因此，由于显象作为显象仅仅按照它们在经验中的联结被考察，所以质料的唯心论是很容易除去的；而且物体实存于我们之外（在空间里），与我本身按照内感官的表象而存在（在时间里）是同样可靠的经验。因为**"在我们之外"**这一概念仅仅意味着在空间中的实存。但是，既然在**"我在"**这一命题中的"我"却并不仅仅意味着（在时间里的）内直观的对象，而是意味着意识的主体，就像物体并不仅仅意味着（在空间里的）外直观，而且也意味着作为这种显象的基础的物**自身**一样，所以，物体（作为外感官的显象）是否**在我的思想之外**作为物体实存，这一问题可以毫无异议地在自然中予以否认。但是，这与我自己作为**内感官的显象**（按照经验性心理学所说的灵魂）是否实存于我的表象力之外的问题别无二致，因为后一问题也必须予以否定。以这样的方式，一切东西在被归结到它的真实意义的时候就都是明确的和确定的。形式的唯心论（在其他地方我把它叫做先验的唯心论）实际上取消了质料的或者**笛卡尔式的**唯心论。因为如果空间无非是我的感性的一种形式，那么，它作为我里面的表象与我本身是同样现实的，问题就仅仅在于空间中的显象的经验性的真实性了。但如果情况不是这样，而是空间和空间中的显象是某种在我们之外实存的东西，那么，经验的一切标准在我们的知觉之外就绝不能证明我们之外的这些对象的现实性。

〔338〕 二、宇宙论的理念（《批判》，第405页以下［B432－433］）

第50节

纯粹理性在其超验应用上的这一产品是纯粹理性最值得注意的现象，它在一切现象中也是最有力地作用于把哲学从其独断论的安睡中唤醒，并推动它去从事理性自己的批判的艰难工作。

我之所以把这一理念称为宇宙论的，乃是因为它在任何时候都仅仅在感官世界取得自己的客体，除了其对象是感官的一个客体的概念之外，不使用任何别的概念，从而就其是内在的而非超验的而言，到此为止它还不是一个理念。与此相反，把灵魂设想成为一个单纯的实体，这就等于是说设想一个对象（单纯的东西），诸如此类的对象对于感官来说根本不能被表象。尽管如此，宇宙论的理念毕竟把有条件者与其条件的联结（不管这种联结是数学的还是力学的）扩大到经验永远不能赶得上的程度，因而就这一点而言永远是一个理念，这个理念的对象永远不能在任何经验中相应地被给予。

第 51 节

首先，这里如此清晰和不可混淆地表现出一个范畴体系的好处，以至于即便不存在更多的证据，单是这个好处就能够充分阐明这些范畴在纯粹力学的体系中是不可缺少的。这样的超验理念只有四个，与范畴的类别一样多；但在这些理念中的每一个里面，它们都仅仅关涉一个被给予的有条件者的条件序列的绝对完备性。与这些宇宙论的理念相符合，纯粹理性也只有四种辩证主张。这些主张既然是辩证的，就由此自己证明，按照纯粹理性同样虚假的原理，对它们每一个来说都有一个与之矛盾的原理相对立。这样的冲突是任何形而上学的精巧辨别艺术都不能防止的，然而却迫使哲学家甚至回溯到纯粹理性的最初源泉。这种并非任意捏造的、而是建立在人类理性的本性之 〔339〕
中的、从而不可避免的、永远没有终结的二论背反，包含着以下四个命题及其反命题。

一

命题

世界在时间上和空间上有一个开端（界限）。

反命题

世界在时间上和空间上是**无限的**。

二

命题

世界上的一切都是由**单纯的东西**构成的。

反命题

没有单纯的东西，相反一切都是**复合的**。

三

命题

世界上有凭借**自由**的原因。

反命题

没有自由，相反一切都是**自然**。

四

命题

在世界原因的序列中有某种**必然的存在者**。

反命题

在它里面没有任何东西是必然的，

相反在这个序列中**一切都是偶然的**。

第 52 节 a

在这里，有人类理性的最奇特的现象，在人类理性的其他任何应用中都不能指出这种现象的例子。如果我们像通常发生的那样，把感官世界的种种显象设想成为物自身，如果我们把这些显象的联结的原理假定为普遍地适用于物自身，而不仅仅适用于经验的原理，就像通常不可避免，尤其是没有我们的批
〔340〕判就不可避免的那样，那么，就出现一种意想不到的冲突，这种冲突永远不能以通常的、独断论的方式来解决，因为无论是命题还是反命题都能够通过同样明显、清晰和令人折服的证明来阐述，我担保所有这些证明都是正确的。因此，理性发现与自身分裂了，这是一种怀疑论者为之幸灾乐祸的状态，批判的哲学家却必然被置入反思和不安。

第 52 节 b

人们在形而上学里面可以用各种各样的方式马虎从事，却不用担心被发现不正确。因为如果人们仅仅不自相矛盾，这在综合命题中，即便在完全虚构的综合命题中都是可能的，那么，在我们所联结的概念是根本不能（就其全部内容而言）在经验中被给予的纯然理念的所有这样的场合里，我们永远不能被经验所反驳。因为世界是永恒的还是有一个开端，物质是无限可分的还是由单纯的部分构成的，我们要如何通过经验来澄清呢？诸如此类的概念都不能在任何经验中被给予，即便是在尽可能大的经验中也不能被给予，因而无论是肯定命题还是否定命题，其错误都不能通过这块试金石来揭露。

理性违背自己的意愿泄露自己假冒为独断论的隐秘辩证法，其惟一可能的场合，就是它把一个主张建立在一个被普遍承认的原理之上，并且从另一个同样被证明了的原理中以极为正确的推论方式恰恰推论出反面。在这里，这种情况是实有的，而且是就四种自然的理性理念而言的。从四种理性理念中一方面得出四种主张，另一方面得出同样多的反主张，每一个都是以正确的逻辑一贯性从被普遍承认的原理得出的，由此它们就暴露出纯粹理性在使用这些原理时的辩证幻相，否则这种幻相必然永远是隐秘的。

因此，这里是一种决定性的尝试，这种尝试必须以必然的方式为我们揭示隐藏在理性的前提条件中的一种错误。[①] 在两个相互矛盾的命题中，不可能两个都是错误的，除非作为两个命题的基础的概念本身是自相矛盾的；例如“一个四方的圆形是圆的”和“一个四方的圆形不是圆的”，这两个命题都是错误的。因为就第一个命题来说，说上述圆形是圆的就是错误的，因为它是四方的；但说它不是圆的亦即是四方的也是错误的，因为它是圆形。因为一个概念的不可能性的逻辑标志恰恰在于，以它为前提条件，则两个相互矛盾的命题就同时是错误的，从而，由于在这两个命题之间不可能想出一个第三者，所以通过那个概念**根本不能**思维任何东西。 〔341〕

第 52 节 c

如今，我把前两个二论背反称为数学的二论背反，因为它

① 因此，我希望有批判精神的读者主要研究这种二论背反，因为看起来是自然本身提出了它，为的是使理性在自己放肆的僭越中产生疑问，并迫使它进行自我检验。对于我所给出的每一个证明，无论是为正论还是为反论作出的，我都自告奋勇为之负责，并由此来阐明理性的不可避免的二论背反的确定性。如果读者被这个奇特的现象所带领，返回去检验在这方面作为基础的前提条件，那么，他就将感觉到，他不得不与我一起更深刻地研究纯粹理性的一切知识的最初基础。

们都涉及同类的东西的相加或者分割。这两个二论背反都以这样一个自相矛盾的概念为基础；我由此出发来说明，何以在这两个二论背反中正论和反论都是错误的。

当我谈论时间和空间中的对象时，我谈的并不是物自身，这是因为我对物自身一无所知，我谈的只是显象中的事物，亦即谈的是经验，它是对客体的一个仅仅赐给人的特殊知识种类。我在空间中或者在时间中所思想的东西，我必须不说它是就自身而言、也不用我的这种思想、存在于空间和时间之中的；那样说我就会自相矛盾，因为空间和时间连同在它们里面的显象不是什么就自身而言并且在我的表象之外实存的东西，而仅仅是表象方式，而说一个纯然的表象方式也在我们的表象〔342〕之外实存，这显然是自相矛盾的。因此，感官的对象仅仅实存于经验之中。与此相反，不用经验或者先于经验赋予它们一种自己的、为自己存在的实存，这就等于是想象经验也不用经验或者先于经验而是现实的。

如果我问世界在空间和时间上的大小，那么，对于我的一切概念来说，说世界是无限的和说世界是有限的同样不可能。二者中没有一个能够包含在经验中，因为无论是关于一个**无限的**空间或者一个无限的逝去了的时间，还是关于世界被一个空的空间或者一个先行的空的时间所**限制**，经验都是不可能的；这些都不过是理念。因此，世界的大小，无论以这种或者那种方式被规定，都必须在于其自身，与任何经验都无关。但是，这与感官世界的概念互相矛盾，感官世界只不过是显象的总和，其存在和联结惟有在表象中、亦即在经验中才成立，因为它不是事物本身，而无非是表象方式。由此得出，既然一个为自己实存的感官世界的概念在自身是自相矛盾的，所以关于它的大小的这一问题的解决，无论人们试图肯定地作出还是否定地作出，都将永远是错误的。

这一点也同样适用于涉及显象的分割的第二个二论背反。因为显象纯然是表象，而且各个部分仅仅实存于对它们的表象中，从而实存于分割中，也就是说实存于它们在其中被给予的一个可能经验中，因此分割只能达到可能经验达到的地步。假定一个显象，例如物体的显象，在一切经验之先就自身而言已经包含着可能经验能够达到的一切部分，这就等于是说，同时给予一个只能实存于经验之中的纯然显象以一种自己的、先行于经验的实存，或者等于是说，纯然的表象先于它们在表象力之中被发现而存在；这是自相矛盾的。因此，对这个被误解的问题的任何解决，无论人们在其中宣称物体就自身而言由无限多的部分构成，还是宣称物体由有限数目的单纯部分构成，也都是自相矛盾的。

第 53 节 〔343〕

在第一类二论背反（数学类的二论背反）中，前提条件的错误在于：自相矛盾的东西（亦即作为事物自身的显象）被表现为可以统一在一个概念中。但就第二类，亦即力学类的二论背反来说，前提条件的错误在于：可以统一的东西被表现为自相矛盾的。于是，在第一种场合两种彼此对立的主张都是错误的，而在这里，两种由于纯然的误解而彼此对立的主张又都可能是正确的。

也就是说，数学的联结（在大小的概念中）必然以被联结者的同类性为前提条件，而力学的联结则绝不要求这一点。如果问题在于有广延者的大小，那么，所有部分相互之间以及与整体之间就都必须是同类的。与此相反，在原因与结果的联结中，虽然也能够发现同类性，但它却不是必要的。因为因果性的概念（凭借这个概念，通过某物而设定某种与之完全不同的东西）至少并不要求同类性。

如果感官世界的对象被当做物自身，上述自然规律被当做物自身的规律，那么，矛盾就会是不可避免的。同样，如果自由的主体与其他对象一样被表现为纯然的显象，也一样不能避免矛盾。因为这同一个自由的主体就会关于同一个对象，在同一种意义上，同时既被肯定又被否定。但是，如果自然必然性仅仅与显象相关，而自由仅仅与物自身相关，那么，当人们同时假定或者承认两种因果性时，就不产生任何矛盾，尽管让后一种因果性变得可以理解，是如此困难或者不可能。

在显象中，任何结果都是一个事件，或者是在时间中发生的某种东西。按照普遍的自然规律，其原因的因果性的规定（原因的一种状态）必然先行于结果，结果按照一种恒常的规律继之而起。但是，原因成为因果性的这种规定必须也是正在产生或者**发生**的某种**东西**；原因必须已经**开始行动**，因为若不然，在原因和结果之间就不能设想任何时间继起。结果就会和
〔344〕原因的因果性一样是已经存在的。因此，在显象中间，使原因**起作用**的**规定**也必须是已经产生的，从而与它的结果一样是一个事件，这个事件又必须有自己的原因，如此类推。因此，自然必然性必须是作用因被规定所遵循的条件。与此相反，如果自由应当是显象的某些原因的一种属性，那么，相对于作为事件的显象来说，自由就必须是**由自身**（sponte［自发地］）开始显象的一种能力，亦即不是说原因的因果性可以自己开始，从而不需要任何别的、规定其开始的根据。但这样一来，**原因**就其因果性来说就必定不遵从它的状态的时间规定，亦即根本**不是显象**，也就是说，它必须被当做物自身，惟有**结果**才被当做**显象**。①如果人们能够毫无矛盾地设想知性存在者对显象的这样一种影响，那么，虽然在感官世界中原因与结果的一切联

① 自由的理念惟有在作为原因的**理智的东西**与作为结果的**显象**的关系中才成立。因此，我们不能就物质不断地行动，从而充实自己的空间而言把自由赋予物质，尽管物质的这种行动是从内在的原则出发发生的。同样，对于纯粹的知性存在者来说，例如上帝，就他的行动是内在的而言，我们也不能发现任何自由概念是适合于他的。因为上帝的行动虽然不依赖于外部的规定性原因，但在他的永恒理性之中，从而在他的属神**本性**中却是被规定的。惟有当**某种东西**应当通过一个行动**开始**，从而结果应当在时间序列中，因而在感官世界中来发现的时候（例如世界的开端），才提出如下问题，即原因的因果性是否也必须开始，或者原因不用它的因果性自身开始就能够产生一个结果。在第一种场合，这种因果性的概念是自然必然性的概念，而在第二种场合，它却是自由的概念。读者从这里可以看出，既然我把自由解释为从自己开始一个事件的能力，我就正好碰上了作为形而上学问题的概念。

结都带有自然必然性，相反，自身不是显象（虽然是显象的基础）的原因被承认有自由，自然和自由就可以被赋予同一个事物而不致有矛盾，但是要在不同的关系中，一面是作为显象，另一面是作为物自身。

在我们里面，我们有一种能力，这种能力不仅与自己主观的规定根据，亦即它的行动的自然原因相联结，因而是本身属〔345〕于显象的存在者的能力，而且也与纯然是理念的客观根据相关，这是就后者能够规定这种能力而言的；这样的联结是用**应当**来表达的。这种能力就叫做**理性**；而且就我们仅仅按照这种可以客观地来规定的理性来考察一个存在者（人）而言，这个存在者不能被视为感官存在者，相反，上述属性是一个物自身的属性，关于这种属性的可能性，亦即毕竟还从未发生的**应当**究竟如何规定它的行动，并且能够是其结果为感官世界中的显象的那些行动的原因，我们一点也不能理解。然而，如果本身是理念的**客观根据**被视为规定感官世界中的结果的，那么，理性的因果性就这些结果而言就会是自由。因为在这种情况下，理性的行动并不依赖主观的条件，因而也不依赖任何时间条件，从而并不依赖用于规定这些条件的自然规律，因为理性的种种根据是普遍地、从原则出发地、不受时间或者地点情况影响地给行动以规则的。

我在这里所阐述的，仅仅是用做可理解性的例子，并不必然属于我们的问题，我们的问题必须不依赖我们在现实世界中所发现的属性，仅仅从概念出发来予以裁决。

现在我可以毫无矛盾地说：理性存在者的所有行动，就其是显象（在某个经验中被发现）而言，遵从自然的必然性。但同样是这些行动，仅仅与理性主体相关并且就这个主体仅仅按照理性来行动的能力而言，则是自由的。因为对于自然必然性来说，所要求的是什么呢？无非是感官世界的任何事件按照恒常的规律的可规定性，从而是在显象中与原因的一种关系；在这里，作为基础的物自身及其因果性依然是未知的。但我说：无论是理性存在者从理性出发，从而通过自由是感官世界的种种结果的原因，还是它不从理性根据出发规定这些结果，**自然**

规律都常驻不变。因为如果是第一种情况，行动就是按照准则发生的，行动在显象中的结果在任何时候都将符合恒常的规〔346〕律；如果是第二种情况，而且行动不是按照理性的原则发生的，那么，它们就服从感性的经验性规律。在这两种情况下，结果都按照恒常的规律相互联系。对于自然必然性来说，我们只要求这么多，我们对它也只知道这么多。但是在第一种情况里，理性是这些自然规律的原因，因而是自由的；而在第二种情况里，结果仅仅按照感性的自然规律行事，这是因为理性没有对它们施加影响；但它亦即理性并不因此就被感性所规定（这是不可能的），从而即便在这种情况里也依然是自由的。因此，自由并不妨碍显象的自然规律，就像自然规律并不损害理性在实践应用上的自由一样，这种应用是与作为规定根据的物自身相结合的。

因此，实践的自由，亦即理性按照客观的规定根据在其中拥有因果性的自由，就由此而得到挽救，而自然必然性就作为显象的同一些结果而言并没有受到丝毫的损害。这一点也可以有助于解释我们关于先验的自由及其与自然必然性的可统一性（在同一个主体中，但并不是在同一种关系上说）所必须说的话。因为就先验的自由来说，一个存在者出自客观原因的行动的任何一个开端，与这些规定根据相关都永远是一个第一开端，尽管这同一个行动在显象的序列中仅仅是一个**从属的开端**，必须有原因的一个状态先行于它，这个状态规定该行动，本身同样被一个还要先行的原因所规定，以至于对理性存在者来说，或者一般而言对存在者来说，就它们的因果性在作为物自身的它们里面被规定而言，人们可以设想一种从自身开始一个状态序列的能力而不陷入与自然规律的矛盾。因为行动与客观的理性根据的关系并不是时间关系。在这里，规定因果性的东西并不在时间上先行于行动，因为这样的规定根据并不表现对象与感官的关系，从而并不表现与显象中的原因的关系，而是表现作为并不遵从时间条件的物自身的规定性原因。这样，行动就理性的因果性而言可以被视为一个第一开端，就显象的序列而言可以同时被视

为一个从属的开端，而且可以毫无矛盾地在前一方面被视为自由的，在后一方面（在此它仅仅是显象）被视为服从自然 〔347〕
必然性的。

就**第四**个二论背反来说，它被以与解决第三个二论背反中理性与自身冲突的类似方式来解决。因为只要把**显象中的原因**与**显象的原因**（就显象的原因可以被设想为**物自身**而言）区别开来，两个命题就很可以同时并存，亦即对于感官世界来说，在任何地方都没有任何原因（按照类似的因果性规律），其实存是绝对必然的，但另一方面，这个世界仍然被与作为其原因（别的种类的，并且按照别的规律）的一个必然的存在者结合起来。这两个命题的不可相容性所依据的仅仅是误解，即把仅仅适用于显象的东西扩展到物自身上，一般来说把二者混杂在一个概念中。

第 54 节

理性在把自己的原则运用于感官世界时发现自己卷入的这整个二论背反，其提出和解决就是这样。其中单是前者（仅仅提出）就已经是人类理性的知识方面的一个显著贡献，尽管冲突的解决还不能使读者由此得到完全的满足。读者在这里要与一种自然的幻相作斗争，这里刚刚给他指出它是这样一种幻相，读者迄今为止一直把这一幻相当做真的。因为这方面的一个结果是不可避免的，即：既然只要人们还把感官世界的对象当做事物自身，而不是当做事实上所是的东西，亦即当做纯然的显象，就不可能摆脱理性与其自身的这种冲突，所以这就迫使读者再次对我们的全部先天知识进行演绎，并检查我对此提供的演绎，以便对此作出裁定。我现在所要求的只限于此；因为如果读者只有这样做才足够深入到纯粹理性的本性中进行思维，那么，惟一使解决理性的冲突得以可能的那些概念已经为 〔348〕
他所熟悉，没有这种情况，我本人就不能期待最用心的读者给予完全的赞同。

三、神学的理念（《批判》，第571页［B595—596］）

第55节

为理性最重要的、但如果仅仅思辨地进行就是越界的（超越的）、从而就是辩证的应用提供素材的第三个先验理念，就是纯粹理性的理想。既然理性在这里并不像在心理学理念和宇宙论理念那里一样从经验开始，通过诸根据的上升被诱导尽可能地追求根据序列的绝对完备性，而是完全中止，并且仅仅从关于构成一个一般事物的绝对完备性的东西的概念出发，凭借一个最完满的元始存在者的理念，下降到对其他一切事物的可能性的规定，从而也下降到对其他一切事物的现实性的规定，所以在这里，要把一个虽然不在经验序列中，但却是为了经验，为了经验的联结、秩序和统一性而设想出来的存在者的纯然预设，亦即理念，与知性概念区别开来，比在上面两种场合里更为容易。因此，这里可以轻而易举地揭露辩证的幻相。这种辩证幻相之所以产生，乃是因为我们把我们的思维的主观条件当做事物本身的客观条件，把为了满足我们的理性而必要的假说当做一个教条。因此，关于先验神学的僭妄，我不必再进一步提示什么，因为《批判》在这方面所讲的，是容易理解、清楚明白和决定性的。

关于先验理念的总附释

第56节

通过经验被给予我们的对象，对我们来说在许多方面是不
〔349〕可理解的，而自然规律把我们引向的许多问题，如果它们被提到某种高度，但始终符合这些规律，则根本不能予以解决，例如物质为什么相互吸引。然而，如果我们完全离开自然，或者在其联结的进程中超越一切可能的经验，从而深入到纯然的理念，在这种情况下，我们就不能说，对象对我们来说是不可理解的，事物的本性给我们提出了不可解决的问题。因为我们在

这种情况下根本不是与自然，或者一般而言与客体打交道，而是纯然与仅仅源自我们的理性的概念、与思想存在物打交道。就它们而言，从这些东西的概念中产生的一切问题都必然能够解决，因为理性当然能够而且必须完备地说明它自己的行事方式。① 既然心理学的理念、宇宙论的理念和神学的理念都完全是不能在任何经验中被给予我们的纯粹的理性概念，所以，理性就这些理念而言给我们提出的问题，就不是通过对象，而是为了理性的自我满足而通过理性的准则提出的，并且必然全都是能够充分回答的。之所以如此，也是通过指出它们都是使我们的知性应用达到普遍的一致性、完备性和综合统一性的原理，而且仅仅就此而言适用于经验，但却是在经验的**整体**上适用。尽管经验的一个绝对整体是不可能的，但根据一般原则的知识的一个整体的理念，却是惟一能够给知识提供一种特殊种类的统一性，亦即一个体系的统一性的东西；没有这种统一性，我们的知识就只是支离破碎的，不能被用于最高的目的（最高的目的永远只是一切目的的体系）；但我在这里指的不仅 〔350〕
仅是实践的目的，而且也是理性的思辨应用的最高目的。

因此，先验理念表现出理性的独特规定，亦即理性是知性应用的系统统一性的一个原则。但是，由于这些理念只是用于使经验在它自身之内尽可能地接近完备性，也就是说，不用任何不能属于经验的东西限制它的前进，所以，如果人们把知识

① 因此，**普拉特纳**先生在他的《箴言录》第728节和第729节中精辟地说道："如果理性是一个标准，那么，就不可能有任何概念对人类理性来说是不可理解的。——惟有在现实的东西里面才有不可理解性。在这里，不可理解性是从获得的理念的不充分性中产生的。"——因此，说在自然中有许多东西对于我们来说是不可理解的（例如生殖能力），但如果我们再升高一些，甚至超出自然，那么，对我们来说一切就都又可以理解了，这听起来有点悖谬，但并不令人奇怪。因为在这种情况下，我们就完全离开了能够被给予我们的**对象**，并且仅仅探讨理念。就理念来说，我们完全能够理解理性通过理念给知性在经验中的应用所规定的规律，因为这规律就是理性自己的产品。

种类的这种统一性视为好像属于知识的客体的，如果人们把本来只是**范导性的**统一性视为**建构性的**，并且相信能够凭借这些理念把自己的知识远远地扩展到一切可能的经验之外，从而是以超验的方式扩展自己的知识，那么，这就是在评价我们的理性的特殊规定及其原则方面的一种纯然的误解，并且是一方面搞乱了理性的经验应用、另一方面使理性与自身分裂的辩证法。

关于纯粹理性的界限规定的结论

第 57 节

按照我们上面给出的极为清晰的证明，如果我们对于任何一个对象希望知道得多于属于这个对象的可能经验的东西，或者对于一个我们认为不是可能经验的对象的任何一个事物还哪怕要求有一点知识，按照它就自身而言所是的性状来规定它，这就会是一件荒唐的事情。因为我们要通过什么来作出这种规定呢？时间、空间和一切知性概念，毋宁说还有在感官世界中通过经验性的直观或者**感觉**所得出的概念，除了使经验成为可能之外，都没有、也不能有别的应用，而且如果我们自己从纯粹的知性概念除去这一条件，它们在这种情况下就根本不规定任何客体，在任何地方都没有任何意义。

但另一方面，如果我们根本不想承认物自身，或者想把我〔351〕们的经验说成是对事物的惟一可能的认识方式，从而把我们在空间和时间中的直观说成是惟一可能的直观，把我们论证性的知性说成是任何可能的知性的原型，从而把经验的可能性的原则说成是物自身的普遍条件，那就是一件更为荒唐的事情了。

据此，如果不是一种审慎的批判也在理性的经验性应用方面守住理性的界限，给它的僭妄设定目标，那么，我们的把理性的应用仅仅限制在可能的经验之上的原则本身就可能变成**超验的**，并把我们的理性的局限说成是事物本身的可能性的局限，在这方面，**休谟**的《对话》可以作为例证。怀疑论最初是出自形而上学及其无管教的辩证法的。起初，它只不过是为了理性的经验应用而把一切超出经验应用的东西都说成是没有价值的和骗人的；但逐渐地，由于人们觉察到，正是人们在经验中使用的这些先天原理，不知不觉地、好像是以同样的权利引导得比经验所及更远，所以人们就开始甚至对经验原理也提出怀疑。这并没有什么要紧，因为健康知性在这方面一直维护着自己的权利。然而，在科学中却出现了一种特殊的混乱。科学不能确定对理性信赖到什么程度，以及为什么只信赖到这种程度而不是更多。惟有通过对我们的理性应用的严格的和从原理得出的界限规定，这种混乱才能被清除，将来也永远不再出现。

的确，对于物自身可能是什么，我们在一切可能的经验之外不能给出一个确定的概念。但尽管如此，我们也不能随意地完全约束自己不去追问物自身；因为经验永远不能完全满足理性，它在回答问题时使我们回溯得越来越远，让我们在完全解决问题方面得不到满足，就像每一个人都能够从纯粹理性的辩证法中看出这一点一样，这种辩证法正因为此而有很好的主观根据。谁能够忍得住：我们对我们灵魂的本性一直达到主体的清晰意识，并且确信不能**以唯物论的方式**来解释它的显象，却不去问灵魂究竟是什么呢？而且如果对此任何经验概念都不够 〔352〕
用，谁能够忍得住，尽管我们根本不能阐明一个仅仅为了这一目的的理性概念（一个单纯的非物质的存在者的理性概念）的客观实在性，但却在必要时接受它呢？在关于世界的持存和大小、自由或者自然必然性的所有宇宙论问题上，谁能够满足于纯然的经验知识呢？因为无论我们怎样开始做，每一个按照经验原理给出的答案都又产生一个新的问题，这个新的问题同样要求回答，从而清楚地表明一切物理学的解释方式都不足以满足理性。最后，鉴于仅仅按照经验原则来思维和接受的一切东西的普遍的偶然性和依赖性，谁看不出不可能停留在这种偶然性和依赖性之上呢？而且无论如何禁止迷失在超验的理念中，谁不感到情不自禁地仍然要越过自己能够通过经验来证实的一切概念，到一个存在者的概念中去寻找安宁和满足呢？这个存在者的理念虽然就其本身而言在可能性上还不能被认识，但也不能被反驳，因为它涉及一个纯然的知性存在者，没有这一理念，理性就必然永远得不到满足。

界限（在有广延的存在者那里）永远以在某个确定的场所之外被发现并包围这个场所的一个空间为前提条件。限制并不需要诸如此类的东西，而仅仅是就一种量不具有绝对完备性而言涉及该量的否定。但是，我们的理性仿佛在自己周围看到了一个认识物自身的空间，虽然它对物自身永远不能有确定的概念，并且仅仅被限制在显象上。

只要理性的知识是同类的，就不能设想它有任何确定的界限。在数学和自然科学中，人类理性虽然承认限制，但却不承认界限，也就是说，虽然承认在它之外有某种东西它永远也不能达到，但却不承认它自己在其内在的进展中将在某个地方完成。数学中认识的扩展和不断新发明的可能性是无止境的。同样，通过经验的进步来发现新的自然属性、新的力量和规律，并通过理性来统一这种发现，这也是无止境的。但是，在这里
〔353〕仍然不能无视限制，因为数学仅仅关涉**显象**，而不能是感性直观的对象的东西，例如形而上学和道德的概念，都完全在数学的范围之外，数学永远不导向这些东西；不过它也根本不需要诸如此类的东西。因此，不存在向这些科学的连续进展，仿佛是有一个接触点或者接触线。自然科学永远不给我们揭露事物的内部，也就是说，永远不给我们揭露不是显象但却能够用做显象的最高解释根据的东西。但是，它也不把这种东西用于自己的物理学解释；甚至，即使从别的地方给它提供诸如此类的东西（例如非物质的存在者的影响），它也应当予以拒绝，根本不把这种东西带入自己的解释的进程，而是在任何时候都把这种解释仅仅建立在作为感官的对象属于经验，并且按照经验规律能够被与我们的现实知觉联系起来的对象上。

然而，形而上学却在纯粹理性的辩证尝试（这些尝试并不是任意地或者以蓄意的方式进行的，而是理性的本性所迫使的）中把我们引导到界限。正是由于我们不能绕过先验的理念，尽管如此它们也永远别想实现自己，它们就用于不仅现实地给我们指出纯粹的理性应用的界限，而且还指出确定这些界

限的方式。而且这也是我们的理性的这种自然禀赋的目的和好处。我们的理性生育出形而上学，就像是自己心爱的孩子，这孩子的产生和世界上的任何一种产生一样，不能被归于偶然的巧合，而应被归于为了重大的目的而聪明地组织出来的原初胚胎。因为形而上学也许比其他任何一门科学都更多地是由自然本身就其基本特征而言置于我们里面的，根本不能被视为一种任意选择的产物，或者被视为经验（形而上学与经验完全分离）的进程中的偶然扩展。

理性即便有自己在经验性应用上，从而在感官世界内部足够用的全部概念和知性规律，也毕竟不能对自己感到满足。因为层出不穷的问题使它对解决的完成不抱任何希望。以这种完成为目的的先验理念就是理性的这样一些问题。如今它清楚地〔354〕
发现，感官世界不可能包含这种完成，从而仅仅用于理解感官世界的所有那些概念：空间、时间和我们曾经以纯粹知性概念为名提出的一切东西，也都不包含这种完成。感官世界无非是按照普遍规律联结起来的显象的一个链条，因此它不具有自存，它真正说来不是物自身，所以必然与包含这种显象的根据的东西相关，与不是只能被视为显象，而是被视为物自身的存在者相关。惟有在对这些存在者的认识中，理性才能希望，有朝一日发现自己对从有条件者到其条件的进程中的完备性的要求得到满足。

我们在上面（第 33 节、第 34 节）曾经指出理性在对纯然的思想存在者的一切知识方面的限制。现在，既然先验理念仍然使一直前进到这些思想存在者对我们来说成为必然的，因而仿佛是一直把我们导向满的空间（经验的空间）与空的空间（我们一点也不能知道的空间、本体的空间）的接触，所以，我们也就能够确定纯粹理性的界限。因为在所有的界限中，也都有某种肯定的东西（例如，面就是立体空间的界限，然而毕竟本身就是一个空间，线是作为面的界限的空间，点是线的界限，但毕竟也一直是空间中的一个地点），与此相反，限制则仅仅包含否定。在上述两节中指出的限制还是不够的，因为我们发现在这些限制之外还有某种东西（尽管我们永远不知道那东西就自身而言是什么)。现在的问题是：我们的理性在我们认识的东西与我们不认识也将永远不认识的东西的这种联结上情况如何？这里是已知者与一个完全未知者（它也将在任何时候都依然是未知者）的一种现实的联结，而且即使未知者不会被稍稍多知一点——这在事实上也是没有希望的——，关于这种联结的概念却毕竟是必须能够予以规定，并且能够弄清楚的。

因此，我们应当设想一个非物质的存在者、一个知性世界和所有存在者的一个最高存在者（纯粹的本体），因为理性惟有在作为物自身的这些东西上才找到完成和满足，它在把显象从
〔355〕其同类的根据得出来时绝不能希望有这种完成和满足，而且还因为这些显象确实与某种和它们不同的东西（从而是完全异类的东西）相关，显象毕竟在任何时候都以一个事物自身为前提条件，从而指示着这个事物自身，无论人们能不能进一步认识它。

但是，既然我们永远不能按照这些知性存在者就自身而言所可能是的样子亦即确定地认识它们，但在与感官世界的关系中又必须假定它们，并且通过理性把它们与感官世界联结起来，所以，我们至少要能够凭借表述它们与感官世界的关系的那些概念来思维这种联结。因为如果我们仅仅通过纯粹的知性概念来思维知性存在者，那么，我们由此就确实没有思维任何确定的东西，从而我们的概念就毫无意义。如果我们通过从感官世界借来的属性来思维它，那么，它就不再是知性存在者了，它就将被思维成一种现象，属于感官世界。我们要以最高存在者的概念为一个例子。

理神论的概念是一个完全纯粹的理性概念，这个概念仅仅表现一个包含一切实在性的事物，但却不能规定这些实在性的任何一种，因为那就必须从感官世界借取例子，在这种情况下，我所与之打交道的，就会仅仅是感官的一个对象，而不是某种完全异类的、根本不能是感官的一个对象的东西了。因为例如，我会赋予这种东西以知性；但是，关于一种知性，除了像我这样的知性之外，我根本没有任何概念，而我这样的知性必须通过感官被给予直观，它所做的是把直观置于意识的统一

性的规则之下。但这样一来，我的概念的要素就永远存在于显象中；但是，我正是由于显象不够用，才被迫超出显象而达到一个完全不依赖显象，或者把显象作为自己的规定的条件而与之相结合的存在者的概念。但是，如果我为了得到一个纯粹的知性而把知性与感性分开，那么，除了没有直观的纯然思维形式之外，就没有剩下任何东西，而仅仅通过这种形式，我不能认识任何确定的东西，因而不能认识任何对象。为此目的，我就必须设想另一种能够直观的知性，但我对于这种知性却没有丝毫概念，因为人类知性是论证性的，惟有通过普遍的概念才能进行认识。如果我赋予最高的存在者以一种意志，我的遭遇还是如此，因为我拥有这个概念，仅仅是由于我从我的内部经验得出这个概念，但在这里也就是我的满意对我们需要其实存的对象的依赖性，因而是以感性为基础的，而这与最高存在者的纯粹概念是完全矛盾的。〔356〕

休谟对理神论的指责是软弱无力的，仅仅击中了理神论主张的证明，却绝没有击中理神论主张的命题本身。但是，就通过进一步规定我们在理神论中关于最高存在者的纯然超验概念而得出的有神论而言，他的指责却是强有力的，而且由于这个概念是人们建立的，这些指责在某些情况下（实际上在所有通常的情况下）就是不可辩驳的。**休谟**一直坚持：仅凭一个元始存在者的概念，我们仅仅赋予这个概念一些本体论的谓词（永恒性、全在性、全能性），实际上我们根本没有思维任何确定的东西。相反，必须再加上一些能够具体地说明一个概念的属性。仅说它是原因，这是不够的，还要说明它的因果性是什么性状，例如通过知性和意志。他对事物本身亦即有神论的攻击就是从这里开始的，因为在此之前，他仅仅攻击了理神论的证明根据，这不会造成任何特殊的危险。他的要害论证全都与神人同形同性论有关，他认为，神人同形同性论与有神论不可分割，并使有神论自相矛盾，但如果人们清除掉神人同形同性论，有神论就将一起垮台，剩下的就只是理神论，人们从理神论得不出什么来，它对我们毫无用处，根本不能用做宗教和道德的基础。如果神人同形同性论的这种不可避免性是确实的，那么，关于一个最高存在者的种种证明无论是什么样的，即便全都承认它们，关于这个存在者的概念也决不会被我们所规定而不使我们卷入矛盾。

如果我们把“避免纯粹理性的一切超验判断”这一禁令与表面上相对立的“一直超越到处于内在的（经验性的）应用范围之外的概念”这一命令联结起来，那么，我们就将觉察到，二者是可以共存的，但这只能恰好在一切被允许的理性应用的
〔357〕**界限**上。因为这个界限既属于经验的领域，也属于思想存在者的领域。而且我们由此同时知道，那些如此值得注意的理念如何仅仅用于人类理性的界限规定，亦即一方面不要无止境地扩展经验知识，这样一来，给我们剩下来供认识的就只有世界了；另一方面，仍然不要超出经验的界限，不要想对经验的界限之外作为物自身的事物作出判断。

但是，只要我们把我们的判断限制在世界与一个其概念本身处于我们在这个世界之内能够获得的知识之外的存在者所能够具有的关系上，我们就坚守住了这个界限。因为在这种情况下，我们就不是把我们思维经验的对象所凭借的任何属性**就自身而言**加给最高的存在者，由此就避免了**独断论**的神人同形同性论。但是，我们仍然把这些属性赋予最高存在者与世界的关系，并且允许一种**象征性的**神人同形同性论，这种神人同形同性论事实上仅仅涉及语言，而不涉及客体本身。

如果我说，我们不得不这样看待世界，就**好像**它是一个最高的知性和意志的作品似的，那么，我实际上不过是说：一只钟表、一艘船、一支军队与钟表匠、造船师、司令官的关系是怎样，感官世界（或者构成显象的这一总和之基础的一切）与这个未知者的关系就是怎样。因此，我虽然不是按照这个未知者就自身而言所是的、但却是按照它对我来说所是的、亦即就世界而言来认识它的，而我是世界的一个部分。

第 58 节

这样一种知识是**根据类比**的知识，这种类比并不像人们通

常使用这个词那样，意味着两个事物的一种不完全的相似，而是指完全不相似的事物之间的两种关系的完全相似。[1]凭借这种类比，毕竟给我们还留下了关于最高存在者的一个**对我们来说**充分确定的概念，即使我们除去能够绝对地和**就自身而言规定**这个概念的一切东西。因为我们毕竟是相对于世界，从而相对于我们规定它的，更多的东西对于我们来说也不必要。**休谟**对于想通过从自身和世界借取材料来绝对地规定它的那些人的攻击与我们无关。他也不能指责我们，说一旦从最高存在者的概念去掉客观的神人同形同性论，我们就将一无所有了。 〔358〕

因为，只要人们一开始（就像**休谟**也在他的《对话》中通过斐洛这个人物反对克雷安特一样）就允许我们把**理神论的**元始存在者概念当做一个必要的假说，在这个概念中，人们通过实体、原因等等纯粹本体论的谓词来思维元始存在者（**人们必须这样做**，因为理性在感官世界受纯粹的条件驱使，而这些条件始终又是有条件的，所以理性不这样做就根本不能得到满足。**人们也可以有权这样做**，不会陷入神人同形同性论，神人同形同性论是把出自感官世界的谓词转用到一个与世界完全不同的存在者上，因为那些谓词仅仅是范畴，它们虽然并不提供这个存在者的任何确定的概念，但正是因此也不提供它的任何限制在感性的条件之上的概念），那么，

① 例如，在人类行为的权利关系和推动力的力学关系之间就有一种类比：我对另一个人做某事，绝不能不给他权利在同样的条件下对我做同样的事。同样，任何物体以其推动力作用于另一个物体，都不能不引起该物体同样多地反作用于它。在这里，权利和推动力是完全不相似的事物，但在它们的关系中却有完全的相似性。因此，凭借这样一种类比，我可以给出我绝对不知道的事物的一个关系概念。例如，对子女的幸福的促进＝a与父母的爱＝b的关系是怎样，人类的福祉＝c与上帝里面我们称之为爱的未知者＝x的关系就是怎样。这并不是说这个未知者与某一种属人的偏好有丝毫的相似性，而是因为我们能够设定它与世界的关系与世界的事物相互之间所拥有的关系相似。但是，关系概念在这里是一个纯然的范畴，亦即原因的概念，它与感性毫不相干。

就没有任何东西能够阻止我们说这个存在者有一种就世界而言**凭借理性的因果性**，并如此跨越到有神论，而没有必要就它自身而言把这种理性作为一种附着于这个存在者的属性而
〔359〕赋予它。因为**第一**，把理性就感官世界中的一切可能经验而言的应用与自身全面一致地推向最高程度的惟一可能的途径，就是人们再把一种最高的理性当做世界中的一切联结的原因。这样一个原则必然对理性普遍有利，决不会在它的自然应用上损害它。但**第二**，理性由此毕竟不是作为属性转用到元始存在者自身的，而是仅仅转用到它与世界的**关系**上，从而完全避免了神人同形同性论。因为在这里仅仅考察了在世界上到处都发现的理性形式的**原因**，而且虽然就最高的存在者包含着世界的这种理性形式的根据而言把理性赋予它，但却仅仅是按照类比，也就是说，是就这一术语仅仅表示我们不知道的最高原因与世界的关系而言的，为的是在它里面在最高程度上符合理性地规定一切。这样一来，就使我们不致使用理性的属性去思考上帝，而是用它去思考世界，为了就世界而言按照一个原则最大可能地应用理性，这样做是必要的。我们由此承认：最高存在者按照它就其自身而言所是的样子对我们来说是完全不可探究的，甚至不能**以确定的方式**去设想。而且这样一来，就使我们不致按照我们关于（凭借意志）作为一种作用因的理性所拥有的概念作一种超验的应用，要通过毕竟总是仅仅从人的本性借来的属性去规定神的本性，迷失在粗糙或者狂热的概念中；但另一方面，也使我们不致按照我们转用到上帝身上的关于人类理性的概念，用超自然的解释方式来淹没对世界的考察，使它失去自己真正的规定，按照这种规定，它应当仅仅是通过理性对自然的研究，而不应当是放肆地从一个最高理性来得出自然的显象。适合于我们软弱无力的概念的表述将是：我们这样来设想世界，就**好像**它就其存在和内在规定而言源自一个最高理性似的，我们由此一方面去认识世界自身固有的性状，不去狂妄地要规定世界的原因自身；另一方面把这种性状（世界中的理性形式）的根据
〔360〕置入最高的原因与世界的**关系**中，不把世界视为在这一点上自

身充足的。①

以这样的方式，通过把**休谟**的“不要以独断论的方式把理性的应用推进到一切可能经验的领域之外”这一原理与**休谟**完全忽视的另一条原理，亦即“不要把可能经验的领域视为在我们理性的眼中自划界限的东西”结合起来，看起来与有神论对立的那些困难就消失了。理性的批判在这里标明了**休谟**所反对的独断论和他要主张的怀疑主义之间的真正的中间道路，这条中间道路并不像其他中间道路那样，是人们建议仿佛是机械地（这一方有一点，另一方也有一点）为自己规定的，那样的话没有任何人能得到教益，而是人们能够按照原则精确地规定的中间道路。

第 59 节

在这个附释的开头，为了确定理性在其适宜的应用方面的限制，我使用了**界限**的比喻。感官世界只包含显象，显象毕竟不是物自身，因此，正是因为知性把经验的对象仅仅当做显象来认识，它才必须承认物自身（本体）。二者都被包含在我们的理性中，而问题是：就这两个领域而言，理性如何去给知性划定界限？包含着一切属于感官世界的东西的经验并不给自己划定界限，它永远只从每一个有条件者达到另一个有条件者。应当给它划定界限的东西，必须处于它的界限之外，而这就是知性存在者的领域。但是，就问题在于**规定**这些知性存在者的本性而言，这对于我们来说就是一个空的空间。就此而言，如 〔361〕
果问题在于以独断论的方式规定的概念，那我们就不能超越可

① 我是要说：最高原因的因果性对世界来说所是的东西，就是人类理性对它的作品来说所是的东西。此时，我依然不知道最高原因本身的本性。我只是把它的对我来说已知的结果（世界的秩序）及其对理性的符合性与人类理性的对我来说已知的结果进行比较，因而把最高原因称为一种理性，并没有因此就把我在人身上用这一术语所指的东西或者别的我已知的某种东西当做它的属性赋予它。

能经验的领域。但是，既然一个界限是某种肯定的东西，它既属于处在它里面的东西，也属于处在一个被给予的总和之外的空间。这样，它就是一种现实的、肯定的知识，理性惟有通过扩展自己一直达到这个界限才能获得这种知识，但它不要试图走到这个界限之外，因为它在那里将面临一个空的空间，在这个空的空间中它虽然可以思维事物的形式，但却不能思维事物本身。但是，通过经验通常并不知道的某种东西给经验领域**划定界限**，这毕竟是在这种立场上还给理性留下的一种知识，由此理性既不局限于感官世界之内，也不游荡到感官世界之外，而是像一种界限的知识固有的那样，仅仅限制在处于界限之外的东西与包含在界限之内的东西的关系上。

自然的神学就是这样一种处在人类理性的界限上的概念，因为它发现自己不得不向外眺望一个最高存在者的理念（而且在实践的关系中也向外眺望一个理知世界的理念），不是为了就这个纯然的秩序存在者而言，从而在感官世界之外规定某种东西，而是仅仅为了按照最大可能的（既有理论的也有实践的）统一性的诸原则引导理性自己在感官世界之内的应用，并为此目的使用感官世界与作为所有这些联结的原因的一种独立理性的关系，但由此并不给自己**虚构**一个存在者，而是既然在感官世界之外必然可以发现惟有纯粹秩序才能思维的某物，就只以这样的方式、当然仅仅根据类比去**规定**这个某物。

以这样的方式，作为整个批判的结果，我们的上述命题仍然成立："理性通过它的所有先天原则所告诉我们的，绝对不多于可能经验的对象，而关于这些对象，也不多于在经验中能够被认识的东西"。但是，这种限制并不妨碍理性引导到经验的客观**界限**，亦即引导到与本身不是经验的对象、但却必然是一切经验的最高根据的某种东西的**关系**，关于这种东西却不就自身而言告诉我们什么，而是仅仅与它自己在可能经验的领域
〔362〕里的完备的、指向最高目的的应用相关告诉我们什么。但这也就是人们在此能够以理性的方式来希望的一切好处。而且人们有理由对此感到满意。

第 60 节

这样，我们就按照形而上学在人类理性的**自然禀赋**中被给予的样子，而且在构成它的研究的根本目的的东西上，根据它的主观可能性，对它作出了详细的阐明。然而，我们看到，我们理性的这样一种禀赋的这种**纯然自然的**应用，如果没有理性的那种惟有通过科学的批判才有可能的纪律来约束和限制这种禀赋，就会使理性卷入越界的**辩证**推理，这些辩证推理有些是纯然表面上的，有些是甚至相互冲突的；此外，这种玄想的形而上学对于促进自然知识来说是多余的，甚至干脆是对它有害的。虽然如此，还总是有一个值得探究的问题，那就是去发现我们的本性中趋向超验概念的这种禀赋作为目标的**自然目的**，因为凡是在本性中的，原初必定是为了某个有用的意图的。

这样一种研究事实上是棘手的。我也承认，对此我所能够说的，与涉及自然的首要目的的一切东西一样，都只不过是揣测之词。我在这一场合也被允许这样做，乃是因为问题所涉及的并不是形而上学判断的客观有效性，而是作出这些判断的自然禀赋，因而是在形而上学的体系之外，属于人类学。

先验理念的总和构成自然的纯粹理性的真正问题，它迫使纯粹理性离开纯然的自然考察，超越一切可能的经验，并在这一努力中实现叫做形而上学的东西（不管它是知识还是玄想）。当我总结这些先验理念时，我认为自己发现，这种自然禀赋的目的乃是使我们的概念摆脱经验的桎梏和纯然的自然考察的限制，使它至少看到在自己面前展开了仅仅包含着感性不能达到的那些纯粹知性的对象的领域，这样做虽然不是为了让我们去对这些对象进行思辨的研究（因为我们找不到能够立足之地），〔363〕 而是为了实践的原则，如果不在自己面前为它们的必然期待和希望找到这样一个空间，实践的原则就不能扩展到理性在道德方面所绝对需要的普遍性。

在这里我发现，**心理学的**理念尽管使我对人类灵魂的纯粹的和高于一切经验概念的本性了解甚少，但毕竟至少足够清晰地指出了经验概念的不足，并由此使我离开了唯物论，后者是一种不适于任何自然解释、此外在实践方面限制理性的心理学概念。同样，由于一切可能的自然知识明显不足以在其合法需求上满足理性，所以**宇宙论的**理念有助于使我们不致陷入自然主义，后者要把自然说成是本身自足的。最后，既然感官世界中的一切自然必然性在任何时候都是有条件的，因为它总是以事物对其他事物的依赖性为前提条件，无条件的必然性必须仅仅到一个与感官世界不同的原因中去寻找，而这个原因如果仅仅是自然，它的因果性就永远不能使人理解作为其结果的偶然东西的存在，所以，理性凭借**神学的**理念使自己摆脱了宿命论，既是摆脱了没有第一原则的自然本身的联系中的一种盲目的自然必然性，也是摆脱了这个第一原则本身的因果性中的一种盲目的自然必然性，而且理性导向了一个凭借自由的原因，从而导向了一个最高的理智。这样，先验的理念尽管无助于正面教导我们，却毕竟有助于取缔**唯物论、自然主义**和**宿命论**的狂妄的、限制理性领域的主张，并且由此在思辨的领域之外给道德理念创造空间。我想，这在某种意义上就解释了那种自然禀赋。

一种纯然思辨的科学可能具有的实践的好处处在这门科学的界限之外，因而只能被视为这门科学的一个附件，并且和其他附件一样，不作为一个部分属于科学本身。尽管如此，这种关系却至少处在哲学的界限之内，特别是处在从纯粹理性的源泉中汲取出来的哲学的界限之内；在纯粹理性的源泉中，理性在形而上学中的思辨应用必然与道德中的实践应用具有统一
〔364〕性。因此，纯粹理性的不可避免的辩证法，在一种被视为自然禀赋的形而上学中，不仅理应被解释成为一种需要消除的幻相，而且如果可能的话，也理应被解释成为就其目的而言的**自然机制**，尽管不可以合理地要求真正的形而上学承担这一份外的任务。

在《批判》第 642～668 页［B670－696］所讨论的问题的解决，必须被视为第二个、与形而上学的内容更为接近的附件。因为在那里谈到了某些理性原则，它们先天地规定着自然

秩序，或者毋宁说规定着应当通过经验寻找自然秩序的规律的知性。这些理性原则就经验而言看起来是建构性的和立法的，因为它们毕竟是纯然出自理性的，而理性不可以像知性那样被视为可能经验的一个原则。这种一致是否依据如下事实，即就像自然就自身而言并不依附于显象或者其源泉亦即感性，而仅仅在感性与知性的关系中被发现一样，这种知性为了一个完整的可能经验（在一个体系中），其应用的普遍统一性也只能借助与理性的关系才属于知性，从而经验也间接地受理性的立法支配？这一点，对于那些除了理性在形而上学中的应用之外还想甚至在使一般自然历史系统化的普遍原则中探究理性的本性的人们来说，是可以进一步考虑的。因为这个问题，我在《纯粹理性批判》中虽然指出了它的重要性，但却没有试图解决它。①

这样，对我自己所提出的主要问题，亦即一般形而上学如何可能，通过我从它的应用现实地、至少是在结果中被给予的地方上升到它的可能性的根据，我的分析性解决就结束了。 〔365〕

《导论》总问题的解决：作为科学的形而上学如何可能？

形而上学，作为理性的自然禀赋，是现实的，但仅仅就它自身来说（就像第三个主要问题的分析性解决所证明的那样），

① 贯穿《批判》，我念念不忘的就是：不错过任何能够使对纯粹理性的本性的探究臻于完备的东西，不管它藏匿得多么深。每一个人，只要给他指出还值得进行研究，此后他要把自己的研究推进到什么程度，就听凭他自己的意愿了。因为人们完全有权期待某个人来做这件事，这个人以衡量这整个领域为己任，以期在此之后任由别人去作未来的扩建和任意的分配。两个附件都属于这种情况。它们由于枯燥无味，难以推荐给业余爱好者，因而只是为行家里手提出的。

它是辩证的和虚假的。因此，要想从这种形而上学得出一些原理，并在对这些原理的应用中跟随虽然是自然的、但却是错误的幻相，这绝不能产生科学，而只能产生虚荣的辩证艺术。在这方面，一个学派可能胜过另一个学派，但却没有一个学派能够赢得一种合法的和持久的赞同。

要使形而上学作为科学能够并不仅仅要求虚假的说教，而是要求真知灼见和坚信，理性本身的一种批判就必须把全部先天概念，对这些概念按照不同的源泉亦即按照感性、知性、理性所作的划分，此外还有一个完备的概念表，以及对所有这些概念的分析连同由此可能得出的一切，然后特别是先天综合知识凭借这些概念的演绎的可能性，这种知识的应用的原理，最后还有这种应用的界限，统统在一个完备的体系中展示出来。因此，批判、而且也惟有批判，才包含着能够实现作为科学的形而上学的整个经过充分检验和证实的实施方案，乃至一切实施手段。通过别的途径和手段都不可能。因此，问题在这里并不是这件工作如何可能，而仅仅是如何进行这件工作，并且如何打动一些有识之士从他们迄今为止错误的、徒劳无益的研究转到一种真实可靠的研究上来，以及如何能够把这样一种结合最适当地引导到共同的目的。

〔366〕可以肯定的是：谁尝到了批判的甜头，谁就会永远讨厌一切独断论的废话；他以前之所以不得不喜欢那些废话，乃是因为他的理性需要某种东西而又不能找到更好的东西来消遣。批判与通常的学院形而上学的关系，恰如**化学**与**炼金术**的关系，或者如**天文学**与占卜的**星相学**关系。我保证：哪怕仅仅对这篇《导论》中的批判原理作过透彻思考和理解的人，决不会再回到那种陈旧的、诡辩的伪科学；毋宁说，他将以某种喜悦的心情眺望一种形而上学，这种形而上学从今以后在他的掌握之中，也不再需要任何准备性的发现，而且它能够第一次使理性得到持久的满足。因为这是在一切可能的科学中惟有形而上学才能够有把握指望得到的一种优势，亦即它能够臻于完成，进入稳定的状态，在这里，它不可以进一步改变自己，也不能通过新的发现来增进，因为在这

里，理性知识的源泉不在对象及其直观中（通过它们理性不会得到更多的教诲），而是在它自身中，而且当理性完备地、针对一切误解确定地展示出自己的能力的基本规律之后，就不剩下理性能够先天地认识的东西了，就连它能够有理由追问的东西也不剩下了。即便不谈所有好处（对此我后面还要谈到），对一种如此确定的和完整的知识的可靠期望就有一种特殊的诱惑。

一切虚假的艺术、一切华而不实的智慧，都有自己存续的时间。因为它们最终将毁灭自己。它们最大的繁荣同时就是它们衰落的时刻。就形而上学而言这个时刻已经来临，这可以由以下状态来证明：就通常研究所有门类科学的热情而言，形而上学在所有有教养的民族中都衰败了。大学学科的旧设置中还有形而上学的影子，惟一一家科学院还时不时通过提供奖金来推动在这方面作出这种或者那种尝试。但是，形而上学已经不再被列入缜密的科学了。人们自己就可以判断，一个有才智的人，当人们要称他为一个伟大的形而上学家时，他会怎样来接受这个善意的、但却几乎不被人羡慕的赞颂。

但是，尽管一切独断论的形而上学衰败的时刻毫无疑问已经来临，要能说形而上学凭借对理性的一种缜密的和全面的批判而再生的时刻已经出现，还毕竟缺少点什么。从一种偏好到与它相反的偏好的所有过渡，都要经过淡漠的状态，而这个时刻对于一位作者来说是最危险的时刻，但我觉得对科学来说却是最有利的时刻。因为在由于以往的结合完全瓦解而党派思想消失之后，人们就处在逐渐地听取各种建议以期按照另一种方案结合起来的最佳心境之中了。〔367〕

当我说，我希望这篇《导论》也许会激活批判领域中的研究，而且给在思辨方面看起来缺乏食粮的普遍哲学精神提供一种新颖的、充满希望的营养品时，我事先就能够想象：凡是对我在《批判》中给他引导的荆棘之路感到厌倦和恼怒的人，都将问我凭什么抱有这种希望。我的回答是：**凭不可抗拒的必然性规律**。

人类精神有朝一日将完全放弃形而上学研究，这和我们为了不总是吸入不洁净的空气就宁可完全停止呼吸一样是不可取的。因此，世界上任何时候都将有形而上学。不仅如此，每个人，尤其是每个能够反思的人，都将有形而上学。在缺少一种公共准绳的时候，每个人都将以自己的方式来裁剪形而上学。现在，迄今被称为形而上学的东西并不能满足任何会审视的人，但完全放弃它也不可能。因此，最终就必须**尝试**对纯粹理性本身进行一种批判；或者，在已经有了一种批判时，对它进行**研究**和全面的审查，因为舍此别无他法来满足这种比纯然的求知欲更甚的迫切需要了。

自从我知道了批判以来，每当我读完一部由于概念明确、内容丰富多彩、条理分明和文体通畅而使我既兴趣盎然又从中受益的形而上学内容的作品时，我都情不自禁地要问：**这位作**
〔368〕**者真的把形而上学推进了一步吗？**我请其作品在其他方面曾经对我有用，并且一直有助于我精神能力的培养的饱学之士们原谅我，因为我坦白地说，无论是在他们的尝试中，还是在我的更差劲的尝试（不过是出自自尊而说它们不错）中，我都不能发现这门科学有一点点被由此推进。而这固然是出自完全自然的理由，因为这门科学尚未存在，而且也不能零敲碎打地拼凑起来，而是必须事先完全在批判中培育它的幼芽。但是，为了避免一切误解，必须提醒前面说过的话，即分析研究我们的概念固然对于知性大有好处，但这门科学（形而上学）却并不由此而得到丝毫的推进，因为对概念的那些分析仅仅是应当首先用来建筑科学的材料。人们尽可以出色地分析和规定实体和偶性的概念，这作为某种未来的应用的准备是相当好的。但是，如果我根本不能证明，在一切存在着的东西中实体是持久的，而惟有偶性在变化，那么，无论如何进行那种分析，也丝毫没有推进这门科学。现在，无论是这个命题，还是充足理由的命题，更不用说对某种更为复杂的命题，例如属于灵魂学说或者宇宙论的命题，形而上学迄今为止都未能先天有效地予以证明，甚至在任何地方都未能先天有效地证明任何综合命题。因此，所有那些分析都没有任何建树，没有创造和促进任何东西，而这门科学在经过了如此之多的喧嚣哄闹之

后，还一直停留在亚里士多德时代的地步，虽然只要人们已经发现了导向综合知识的导线，这方面的活动无可争议地要比那时好得多了。

如果有人认为由此被冒犯了，那么，只要他举出哪怕只是一个他自告奋勇以独断论的方式先天地证明的属于形而上学的综合命题，他就能够轻而易举地否定这种责难；因为当他这样做了，我才承认他真的进一步推进了这门科学，即使这个命题本来也已经是由普通的经验充分证实了的。不可能有任何要求更为适度、更为公平合理了，而且如果做不到这一点（这是绝对肯定的），那么就不可能有比如下宣判更为公正的了：作为 〔369〕
科学的形而上学迄今还根本不曾存在。

如果这个挑战被接受了，那么，我必须不允许发生的就只有两种东西了：第一，玩弄**盖然性**和猜测，这不适用于几何学，也同样不适用于形而上学；第二，凭借所谓的**健康的人类知性**这根探杖来作出决定，并不是每一个人都能耍弄这种探杖，这要看个人的资格。

因为**就第一点来说**，不可能有比在形而上学这种出自纯粹理性的哲学中要把自己的判断建立在盖然性和猜测之上更荒唐的事情了。凡是应当被先天地认识的东西，同样因此被说成是无可置疑地确定的，因而也必须这样来证明。人们同样会想把一种几何学或者算术建立在猜测上；因为就算术的 calculus probabilium［概率计算］来说，它所包含的不是盖然的判断，而是在被给予的同类条件下对某些情况的可能性的程度作出的完全确定的判断；这些情况在一切可能的情况的总和中是按照规则必然要发生的，尽管就每一个别的偶然情况来说，这一规则并不是充分规定了的。惟有在经验性的自然科学中，才能允许有猜测（借助于归纳和类比），但至少我所接受的东西的可能性必须是完全确定的。

如果说的是概念和原理，而且不是就它们在经验方面应当有效而言的，而是就它们要被说成在经验的条件之外也有效而言的，那么，**诉诸健康的人类知性**，情况也许更为糟糕。因为什么是健康的知性？那就是正确地作出判断时的**普通知性**。那么，什么是普通知性？普通知性就是具体地认识和应用规则的能力，与**思辨的知性**不同。后者是抽象地认识规则的能力。普通知性几乎无法理解“凡是发生的东西都是凭借其原因被规定的”这一规则，而且永远不能一般地这样来认识。因此，它要求有一个出自经验的例证，而且在它听说这无非意味着每当一
〔370〕块窗玻璃被打碎、或者一件家具不见了的时候它所想到的东西时，它才理解并且也承认这一原理。因此，普通知性除了就它能够看到自己的规则（尽管这些规则确实是它先天固有的）在经验中被证实而言，没有其他应用。所以，先天地并且不依赖于经验来认识这些规则，是思辨知性的事情，完全在普通知性的视域之外。但是，形而上学仅仅与后一种知识打交道；诉诸那个在这里没有判断力的证人，这肯定是一种健康知性的糟糕标志；除非人们遇到麻烦的事，在自己的思辨中不知道该怎么办，否则都是看不起那个证人的。

普通人类知性的这些假朋友们（他们偶尔把普通人类知性捧上天，通常却是看不起它的）总是习惯于借口说：归根结底必须有一些直接确定的命题，关于这些命题，人们不仅不需要提供任何证明，而且也不需要提供任何说明，因为若不然，人们就得没完没了地追问自己的判断的根据。但是，为了证明这种权限，他们（除了矛盾律，但矛盾律不足以阐明综合判断的真实性）能够引证来作为无可置疑的东西直接归给普通人类知性的东西，除了数学命题，例如二乘二等于四以及两点之间只有一条直线等等之外，就绝没有别的东西了。但是，这是些与形而上学的判断有天壤之别的判断。因为在数学中，凡是我通过一个概念想象为可能的东西，我都能够通过我的思维制作（构想）出来：我逐渐地把一个二加到另一个二上，并且自己制作出四，或者在思想中从一个点到另一个点引出各种各样的线，并且只能引出惟一一条在其所有部分（既有相等的也有不相等的）上都相似的线。但是，即使用尽我的全部思维能力，我也不能从一个事物的概念得出其存在必然与该事物相联结的某物的概念，而是必须求助于经验。而且，即使我的知性先天地（但总是仅仅与可

能经验相关地）给我提供这样一种联结（因果性）的概念，〔371〕我却毕竟不能像对待数学的概念那样先天地在直观中展现这一概念，从而先天地展现它的可能性。相反，这个概念连同它的运用的原理，如果它应当像在形而上学中所要求的那样先天地有效，就需要对它的可能性加以辩解和演绎，因为若不然，人们就不知道它在多大程度上有效，以及它是只能在经验中使用还是也可以在经验之外使用。因此，在作为纯粹理性的一种思辨科学的形而上学中，人们绝不能诉诸普通的人类知性，除非人们被迫抛弃纯粹理性，放弃一切永远必须是一种知识的纯粹思辨认识，从而也放弃形而上学本身和它（在某些场合）的教诲，并且认为惟有一种合理的信仰才是对我们可能的、对我们的需要来说也是充足的（也许甚至比知识本身更为有益）。因为在这种情况下，事情的形态就完全改变了。形而上学必须是科学，不仅在整体上，而且在其所有的部分上也都必须是科学，否则它就什么也不是，因为形而上学作为纯粹理性的思辨，所依据的仅仅是一些普遍的洞识。但在形而上学之外，盖然性和健康人类知性还是能够有其有益的、合理的应用的，但却是根据完全独特的原理，这些原理的重要性总是取决于同实践的东西的关系。

这就是我认为自己为一种作为科学的形而上学的可能性有权利要求的东西。

附录：论为使作为科学的形而上学成为现实所能够做的事情

既然人们迄今为止所选取的一切途径都没有达到这一目的，而如果没有对纯粹理性的一种先行的批判，这样一个目的也永远不能达到，所以，要求对这方面现在已摆在面前的这种尝试进行一种详尽而又缜密的审查，看起来并非没有道理，除非人们认为最好完全放弃对形而上学的一切要求，那样的话，只要人们非那样做不可，也没有什么可反对的。如果人们把事〔372〕物的进程按照它实际怎样进行，而不是按照它应当怎样进行来对待，那么，就有两种判断：一种是**先行于研究的判断**，而在我们的情况中，读者从自己的形而上学出发对《纯粹理性批判》（它应当首先研究形而上学的可能性）下了一个判断，就是诸如此类的判断。另一种是**随研究之后的判断**，在这种情况中，读者可以把从批判的研究中得出的、可能与他通常接受的形而上学相当抵触的结论暂时放到一边，首先审查能够得出那些结论的根据。如果普通形而上学所陈述的东西都是确定无疑的（就像几何学那样），那么，第一种判断方式就是有效的；因为如果某些原理的结论与确定无疑的真理相抵触，那么，那些原理就是错误的，无须任何进一步的研究就可以抛弃它们。但如果情况不是这样，即形而上学具有一大批无可争议地确定的（综合的）命题，而且也许干脆是这样，即大量这样的命题虽然与它们中间最好的命题一样明显，在其结论中却仍然相互抵触，但在任何地方都根本找不到形而上学中的真正形而上学的（综合的）命题的真理标准，那么，先行的判断方式就不能成立，而是必须先研究《批判》的原理，然后再判断它有无价值。

在研究之前对《批判》下判断的实例

诸如此类的判断见于《哥廷根学报》，1782 年 1 月 19 日，附刊第三篇，第 40 页以下。

如果一个熟知自己著作的对象、并且致力于把彻头彻尾的自己的反思表现在著作的写作之中的作者落到一个评论家手中，这个评论家在自己那方面足够敏锐，看得出作品有无价值真正所依据的要素，不拘泥于字句，而是探究事情本身，并且不仅仅确证和审查作者由以出发的各原则，那么，判断的严厉虽然有可能使作者感到不愉快，但读者却是无所谓的，因为他
〔373〕们在这里有所收获。而作者本人也能够感到满意，他获得了机会来纠正或者解释自己及早由一位行家审查的文章，而且以这样的方式，如果他认为自己在根本上是正确的，他就能够及时地清除今后可能妨害他的作品的绊脚石。

我与我的评论家则处于一种完全不同的状况中。他似乎根本看不出我（成功也罢，失败也罢）所从事的研究的真正关键所在。这也许是不耐烦透彻思考一部长篇大著，或者是对他认为早已澄清了一切的一门科学眼见要改革而气急败坏，或者——这是我不愿猜想的——是一种确实有局限的理解力要为此负责，使他永远不能超出自己的学院形而上学。他躁动不安地浏览了一长串命题，而对于这些命题，如果不知道它们的前提，人们就根本不能思维任何东西。他时而乱加指责，但读者既看不出这种指责的根据，也看不出他理解了这种指责所针对的命题。因此，他既不能在信息方面对读者有益，也不能在行家的判断中对我有丝毫损害。所以，如果不是这种判断给我诱因，使我作出一些能够保护这篇《导论》的读者在一些场合里免于误解的说明的话，我本来是会完全不理会它的。

这位评论家为了抓住一种观点，从那里他能够最容易地以一种不利于作者的方式展示整部著作，用不着费劲去作任何一种特别的研究，他就以这样的话开始和终结："这部著作是一个超越的（或者像他所翻译的那样：更高的）唯心论的体系。"①

看到这行字，我马上就发现这里将出现一种什么样的评论。这就好像是某个关于几何学从来没有听过或者见过什么的人，发现了一本欧几里得几何学，当有人请他对这本书下个判断时，他翻了一翻，看到了许多图形，就说："这本书是绘画 〔374〕

① 绝对不是**更高的**唯心论。通常很招风的高塔和类似高塔的形而上学伟人与我无关。我的位置是经验的肥沃**洼地**，而"先验的"这个词的意义虽然由我多次指出，却一次也没有被这位评论家所理解（他如此马虎地看待一切）。这个词指的并不是某种超越一切经验的东西，而是虽然先行于经验（先天的）、但却注定仅仅使经验成为可能的东西。如果这些概念超越了经验，那么，它们的应用就叫做超验的。这种应用被与内在的应用，亦即被限制在经验上的应用区别开来。在这部著作中，已经充分地预防了所有这一类的误解。惟有这位评论家在误解中捡到了便宜。

的系统指导。作者使用了一种特殊的语言来讲一些晦涩难懂的规定，但这些规定归根结底能够达成的，不过是每个人通过一种好的自然目测就能够实现的东西，等等。”

然而，让我们看一看，贯穿我的整部著作的，是一种什么样的唯心论，虽然它远远没有构成体系的灵魂。

从爱利亚学派开始，直到**贝克莱**主教，一切真正的唯心论者的命题都包含在如下公式中：“凡是通过感官和经验得来的知识都无非是纯粹的幻相，惟有在纯粹知性和理性的理念中才有真理。”

与此相反，全面支配和规定我的唯心论的原理则是：“凡是仅仅出自纯粹知性或者纯粹理性的对事物的知识都无非是纯粹的幻相，惟有在经验中才有真理。”

这恰恰是那种真正的唯心论的对立面。我怎么可能把这种表述用于一个完全相反的意图呢？而这位评论家又怎么可能到处都看到了它呢？

对这一困难的解决所依据的是只要人们愿意就能够轻而易举地从作品的联系中看出的东西。空间和时间连同它们所包含的一切都不是物自身或者事物的属性自身，而是仅仅属于它们的显象；到此为止，我与那些唯心论者具有一样的信念。然而这些唯心论者，尤其是**贝克莱**，把空间看做是一个纯然经验性的表象，这个表象与空间中的显象一样，惟有凭借经验或者知觉才能连同空间的所有规定为我们所知。与此相反，我首先指
〔375〕出：空间（时间也一样，**贝克莱**没有留意时间）连同其所有规定都能够先天地为我们所知，因为无论是空间还是时间，都在一切知觉或者经验之先作为我们的感性的形式而为我们所固有，并且使一切感性直观，从而也使一切显象成为可能。由此得出：既然真理所依据的是作为其标准的普遍的和必然的规律，所以经验在**贝克莱**那里就不能有真理的标准，因为经验的显象（在他看来）不以任何先天的东西作为其基础，由此就得出，显象无非是纯粹的幻相。与此相反，在我们这里，空间和时间（与我们的纯粹知性概念相结合）先天地为一切可能的经验规定其规律，这同时就提供了在经验中把真理与幻相区分开

来的可靠标准。①

因此，我的所谓的（真正说来是批判的）唯心论是完全独特的唯心论，也就是说，他推翻了通常的唯心论，而且通过它，一切先天知识，甚至几何学的知识，才第一次获得了客观实在性，假如没有我证明出来的空间和时间的观念性，就连最热心的实在论者也根本不能主张这种客观实在性。鉴于事情的性质，为了避免一切误解，我本来想给我的这个概念起另外一个名字，但完全改变它又不可行。因此，请允许我将来就像上面已经说明过的那样，把它称为形式的唯心论，或者叫做批判的唯心论更好，以便把它与**贝克莱**的独断的唯心论和**笛卡尔**的怀疑的唯心论区别开来。

在对这本书的判断中，除此之外我没有发现任何值得注意的东西。这一判断的作者完全是笼统地下判断，这是一种精心挑选的手法，因为人们在这里看不出他自己的有知或者无知。〔376〕惟有详尽细致的判断，如果它公正地触及主要问题，也许才会暴露出我的错误，也许还暴露出评论家在这一类研究中的洞察程度。读者们都习惯于仅仅从报纸的报道中对各种书形成一个概念，为了及早地打消他们读这本书本身的兴致，这倒是一个想得不坏的招术：一口气先后说出一大堆命题，而这些命题脱离开与它们的证明根据和说明的联系（尤其是这些命题就一切学院形而上学而言是如此相互对立），就必然显得非常荒谬；然后打击读者们的耐心，直到让他们感到厌烦；接着，在让我认识"持久的幻相就是真理"这一煞费苦心的命题之后，以严厉的、然而是父亲般的口气教训说：究竟为什么要与通常采用的语言闹冲突呢？为什么要作出唯心论的区分呢？这种区分是

① 真正的唯心论在任何时候都有一种狂热的意图，而且也不可能有任何别的意图。但我的唯心论则仅仅是为了理解我们关于经验对象的先天知识的可能性。这是一个迄今尚未解决、甚至根本没有提出过的问题。这样一来，整个狂热的唯心论就垮台了，它总是（就像从**柏拉图**那里已经可以看到的那样）从我们的先天知识中（甚至从几何学知识中）推理出与感官的直观不同的另一种直观（理智直观），因为人们根本不会想到感官也应当先天地直观。

从哪里来的呢？把我的这本原本应当是形而上学异端的书的一切独特之处最终说成是仅仅用语新奇，这样的判断就清楚地证明了，我的这位僭妄的法官对它们一点也没有弄懂，他甚至连他自己也没有弄懂。①

然而，评论家说话的样子，就像是一个必定知道一些重要的、出色的洞识，但又秘而不宣的人物。因为就形而上学而言，最近我没有发现任何东西能够说明用这样一种口吻讲话的理由。但是，他向世人隐瞒自己的发现，却是做得很不对的。因为毫无疑问，还有许多人和我一样，无论人们很久以来在这
〔377〕一领域里写出了多少好东西，却不能发现这门科学由此有一点点拓展。使定义更精致，给瘸腿的证明配上新拐杖，给形而上学的百衲衣打上新补丁或者改变它的式样，这些都不错，但却不是世人所要求的。世人厌倦了种种形而上学主张。人们要的是这门科学的可能性，是在这门科学中能够得出确定性的源泉，以及把纯粹理性的辩证幻相与真理区别开来的可靠标准。对此，评论家必定掌握了秘诀，否则他决不会用这样了不起的口吻说话。

但是我却怀疑，这门科学的这样一种需要他也许连想都没有想过。因为若不然，他就会把自己的判断对准这一点，而且在一件如此重要的事情上，即便是一次失败了的尝试，也会获得他的尊重的。如果是这样，那么，我们就又是好朋友了。对于他的形而上学，他思维到多深都可以，只要他觉得好，不应当有任何人阻拦他。只是对于形而上学之外的东西，即存在于理性之中的形而上学源泉，他不能作出判断。但是，我的怀疑

① 评论家大多数情况下是在同他自己的影子作战。当我把经验的真理与梦对立起来的时候，他根本没有想到这里只是在说**沃尔夫**哲学的著名的 somnio objective sumto［客观地引证的梦］，这梦只是形式的，而且这里也根本不考虑睡与醒的区别，在一种先验哲学中也不能考虑这种区别。此外，他把我的范畴演绎和知性原理表称为“用唯心论方式表述的人所共知的逻辑学和本体论原理”。读者对此只要查看一下这篇《导论》，就可以相信，根本不可能再作出一种更粗劣，甚至更历史性地错误的判断了。

并不是没有根据的，我的证明如下：他没有一句话提到过先天综合知识的可能性，而这才是真正的问题，形而上学的命运就是完全建立在这一问题的解决之上的，而我的《批判》（与这里我的《导论》一样）也完全旨在于此。他所碰上并且仍然依恋的唯心论，只不过是作为解决那个问题的惟一手段而被接受进学说体系（尽管它也从其他理由得到证实）。在这里，他本来必须指出，要么那个问题并不具有我（就像现在在《导论》中那样）所赋予它的那种重要性，要么是它根本不能通过我关于显象的概念来解决，要么是它能够用别的方式得到更好的解决；但我在评论中找不到有关这方面的任何一句话。因此，评论家一点也没有弄懂我的作品，也许一点也没有弄懂形而上学本身的精神和本质；但愿不是因为评论家急于完事，因排除重重障碍的困难而大为恼火，就给摆在他面前的这部著作泼上污水，把它的基本要点弄得面目全非。

一个学报，无论它如何精心挑选自己的撰稿人，要能够在形而上学领域以及在其他任何地方维护自己通常应有的声誉，就还要做很多事情。别的科学和知识都毕竟有自己的衡量尺度。数学的衡量尺度在其自身，历史和神学的衡量尺度在世俗的或者神圣的书里面，自然科学和医学的衡量尺度在数学和经验中，法学的衡量尺度在法典中，甚至口味的事情的衡量尺度也在古人的榜样里面。然而，对于判断叫做形而上学的事物来说，却应当首先找到衡量尺度（我已经作过规定这种衡量尺度及其应用的尝试）。在找到这种衡量尺度之前，假如必须对这一类作品作出判断，应当怎么办呢？如果这些作品是独断论类型的，那么，人们就可以爱怎么做就怎么做，在这里谁也不能对其他人长久扮演大师，有人会出来以其人之道还治其人之身。但如果这些作品是批判类型的，而且不是旨在其他作品，而是旨在理性本身的，以至于衡量尺度不能是已经被接受，而是首先要寻找，那么，虽然反对和指责不被禁止，但和平共处在这里却必须作为基础，因为需要是共同的，而且由于缺乏必要的洞识，法官一般作出裁决的样子是不允许的。 〔378〕

但是，为了把我的这种辩护同时与哲学共同体的利益联结起来，我建议进行一次试验，由它来决定如何必须把一切形而上学研究集中于它们的共同目的。这个试验与数学家为了在一场竞争中澄清其方法的优点而进行的试验别无二致，也就是要求我的评论家按照他自己的方式，但却通过先天根据来证明他所主张的真正形而上学的、亦即综合的、先天地从概念出发认识的原理中的任何一个，无论如何也证明最不可缺少的原理中的一个，例如实体持久性的原理，或者世界上的事情必然为其原因规定的原理。如果他做不到这一点（但沉默就等于认可），那么他就必须承认：既然没有这一类命题的无可置疑的确定性，形而上学就完全什么也不是，所以就必须在一切事物之
〔379〕先，首先在纯粹理性的一种批判中澄清这些命题的可能性或者不可能性。因此，他有义务要么承认我的批判原理是正确的，要么证明它们的无效性。但是，既然我已经预见到，尽管他迄今还在放心地信赖他的原理的确定性，但在事关一种严格的检验的时候，他在形而上学的全部领域里，却连一个他可以大胆提出的原理都找不出来，所以我想把人们在竞争中所能够期望的最有利的条件让给他，亦即使他免除 Onus probandi [举证责任]，而由我来承担它。

也就是说，他可以在这篇《导论》以及在我的《批判》第426～461页 [B454－489] 找到八个命题，其中都是两相矛盾的，但是每一个命题都必然地属于形而上学，形而上学必须要么接受它，要么反驳它（虽然它们中没有一个不是曾在当时被某一个哲学家接受过）。现在，他可以随便从这八个命题中任选一个，不用证明，这个证明我给他免除掉，他只要接受就行，但只接受一个（因为浪费时间无论是对他还是对我都没有好处），然后来攻击我对反命题的证明。如果我仍然能够挽救这一证明，并以这样的方式指出，按照任何独断论的形而上学都必须必然地承认的原理，恰恰能够同样清晰地证明他所接受的命题的反面，那么由此就表明，在形而上学中有一种先天性的缺陷，这个缺陷既无法解释，也不能被排除，除非人们一直攀升到形而上学的出生地，亦即纯粹理性本身。而这样一来，就必须要么接受我的《批判》，要么用一种更好的来取代它，

因而至少是研究它；这是我目前惟一要求的东西。与此相反，如果我不能挽救我的证明，那么，出自独断论的原理的一个先天综合命题就在我的论敌一边确立起来了，我对普通形而上学的责难也就因此而是无理的了，而且我将自动承认他对我的《批判》的指责是正当的（虽然结果决不应当是这样）。但是我觉得，为此有必要放弃匿名，因为我看不出，否则的话将如何避免如下情况，即我有幸或者被纠缠去对付的将不是一个问题，而是来自不知其名的、但却不够资格的论敌们的更多的 〔380〕问题。

建议先研究《批判》，然后才能对它下判断

我对尊敬的读者们心存感激，哪怕是为了我的《批判》长时间以来有幸遇到的沉默。因为这种沉默毕竟证明了判断的延迟，因而证明了一种猜测，即在一部离开了常走的道路而选择了一条人们不能马上熟悉的新道路的著作中，也许会蕴涵着能够使人类知识的一个重要的、但现在已经枯萎了的分支获得新生和结果能力的某种东西，因而它也证明了一种审慎，即不由于匆忙的判断而折断和摧毁这枝尚属柔嫩的幼芽。出自这样一些理由而推迟了的判断的一个例证，我直到现在才在《哥达学报》上看到。这个判断的缜密（用不着我来称赞，那在这里是有嫌疑的），每一个读者都将自己从对有关我的著作的首要原则的那一部分的那种明白易懂的、忠实的介绍中看出来。

既然不能通过匆匆一瞥就立刻在整体上对一座巨大的建筑物作出判断，所以我现在建议，从它的基础开始一部分一部分地对它进行审查，并把这里的《导论》当做一个总的纲要来使用，可以时而把原著本身与它进行比较。这种要求如果仅仅以我的自负为基础，即认为它具有虚荣心通常赋予自己的所有产品的那种重要性，那它就是不谦虚的，理应被人厌恶地拒斥。但现在，整个思辨哲学的种种事业都是这样的：它们已经处在完全灭绝的地步，尽管人类理性还以永不消失的偏好眷恋着它们，这种偏好仅仅是由于不断地遭到失望，现在才徒劳无益地

试图变为漠然。

在我们这个能思考的时代里，不能设想不会有许多卓有功勋的人士，只要存在着一线希望达到目的，就去利用任何好机
〔381〕会，为越来越开明的理性的共同利益而一起工作。数学、自然科学、法律、艺术，甚至道德等等，还没有完全充实灵魂；在灵魂中总是还留有一个空间，划给纯粹的和思辨的理性。这个空间的空旷迫使我们到丑陋滑稽、戏要调笑或者胡言乱语中在表面上寻找工作和娱乐，但在根本上却是消遣散心，为的是盖过理性难受的呼声。理性按照其规定来说要求某种东西来满足它，而不是仅仅为了别的意图或者为了偏好的旨趣而使它忙活。因此，由于正是在为自己存在的理性的这一领域里，其他一切知识，甚至其他一切目的都汇聚起来并统一为一个整体，所以仅仅致力于这一领域的一种考察，如我有根据地猜想，对于每一个曾经试图扩展自己的概念的人来说，都有很大的诱惑力，我甚至可以说，有比其他任何理论知识都更大的诱惑力，人们不会轻易拿其他理论知识与那种知识交换的。

但是，我把这篇《导论》提供出来，作为研究的规划和导线，而不是提供出原著本身，乃是因为虽然就内容、次序、讲述方式和我提出每一个命题之前为精确地斟酌它和审核它而花费在它上面的谨慎而言，我直到如今对原著还是非常满意的（因为要使我不仅对整体满意，而且有时对仅仅一个命题在其源泉方面感到满意，就耗费了许多年），但对我在《要素论》的一些章节的陈述，例如知性概念的演绎或者纯粹理性的谬误推理，我却不能完全满意，因为它们里面的某种详尽性妨碍了清晰性，人们可以不用它们，而把这里《导论》就这几章而言所说的东西作为检验的基础。

人们称赞德国人，说他们在需要坚韧和顽强的勤奋的事情上，能够比其他民族有更大的作为。如果这种见解是有根据的，那么，这里就表现出一个机会、一项事业，这项事业的美好前途是无可怀疑的，所有能思维的人都同样有份，但迄今为止却没有得以完成并证实上述有利见解。尤其是，既然所说的这门科学具有如此特别的性质，以至于它能够一下子就达到自

已的全部完备性，并达到那种**持久**的状态，即它不能再有丝毫的进展，既不能通过以后的发现有所增益，也不能哪怕仅仅有所改变（我在这里不考虑通过时而增加明晰性或者在各方面附加用途所作的修饰），这是其他任何科学都没有也不可能有的优点，因为没有其他任何科学涉及一种如此完全孤立的、不依赖于其他科学的、与其他科学毫不混杂的认识能力。甚至目前的时刻，看起来对我的这种苛求也不无好处，因为目前在德国，除了所谓有用的科学之外，人们几乎不知道还可以做些什么，以至于这毕竟不是纯然的游戏，而同时是达到一个持久的目的的事业。 〔382〕

至于如何把学者们的努力统一到这样一个目的上，我不得不让别人去想办法。不过，我并不打算苛求任何人仅仅遵循我的命题，或者哪怕是用这样的希望来迎合自己，而合乎实际的情况，可能是开始、重复、限制，也可能是证实、补充、扩展。只要事情是从基础出发来探究的，那么在目前，就再也不可能不由此产生一个体系，尽管不是我的体系。这个体系是留给后人的遗产，后人也有理由对此感恩。

人们一旦正确地理解批判的原理就可以根据它们来期待一种什么样的形而上学，以及这种形而上学绝不因为人们拔掉了它的假羽毛就显出一副可怜相，似乎被贬低成为一个渺小的形象，反而能够在另一方面显得富丽堂皇、体面大方，在这里说起来就话太长了。不过，这样一种改革将带来的其他巨大好处却是一目了然的。普通形而上学毕竟已经带来过好处，它探索纯粹理性的基本概念，以便通过分析使它们变得明晰，通过解释使它们变得确定。由此，普通形而上学成为理性的一种训练，不管理性以后认为往哪个方向上去好。然而，这也是它能够做成的全部好事。因为它用莽撞的主张来包庇自负，用精巧的托词和美饰来包庇诡辩，用以一点学院式的聪明摆脱最困难的问题的轻率来包庇浅薄，这种浅薄越是有一方面从科学的语言，另一方面从通俗性捞取点什么的选择，并由此让所有人都觉得这就是一切，实际上却什么也不是，就越是具有诱惑力；这样一来，它就把自己的上述功绩一笔勾销了。与此相反，批 〔383〕

判给我们的判断提供了能够可靠地把真知与伪知区分开来的尺度，而且通过在形而上学中得到充分的运用，批判就建立起一种思维方式，这种思维方式在此之后就把自己的有益影响扩展到其他任何一种理性应用上，并首次注入真正的哲学精神。不过，批判为神学提供的帮助也肯定不可低估，它使神学不依赖于独断论思辨的判断，并恰恰由此而保证神学能够对抗这样的论敌的一切攻击。因为普通形而上学尽管对神学许诺多帮助，但毕竟在事后未能践履这种诺言，此外由于求助于思辨的独断论，它除了武装起敌人来反对自己之外，什么也没有做。在一个经过启蒙的时代不可能出现狂想，除非它隐蔽在一种学院形而上学背后，在其保护下就敢于仿佛是用理性来大放厥词。批判哲学把狂想从它的这一最后的避难所驱逐出去了。在这一切之外，对于一个形而上学教师来说，除了有朝一日能够被公认地说，自己所讲的东西归根结底是**科学**，并且由此将给共同体带来真正的好处，就再也没有重要的东西了。

图书在版编目（CIP）数据

未来形而上学导论：注释本/（德）康德（Kant，I.）著；李秋零译注．—北京：中国人民大学出版社，2013.1
ISBN 978-7-300-16847-0

Ⅰ.①未… Ⅱ.①康… ②李… Ⅲ.①康德，Ⅰ.（1724～1804）-哲学思想-研究 Ⅳ.①B516.31

中国版本图书馆 CIP 数据核字（2012）第 320615 号

未来形而上学导论（注释本）
［德］康德 著
李秋零 译注
Weilai Xingershangxue Daolun

出版发行	中国人民大学出版社		
社　址	北京中关村大街 31 号	**邮政编码**	100080
电　话	010－62511242（总编室）		010－62511770（质管部）
	010－82501766（邮购部）		010－62514148（门市部）
	010－62515195（发行公司）		010－62515275（盗版举报）
网　址	http://www.crup.com.cn		
经　销	新华书店		
印　刷	运河（唐山）印务有限公司		
开　本	720 mm×1000 mm　1/16	**版　次**	2013 年 3 月第 1 版
印　张	8.5 插页 2	**印　次**	2024 年 5 月第 9 次印刷
字　数	116 000	**定　价**	39.00 元